家长学校指导用书

家长成长课堂

中国关心下一代工作委员会事业发展中心 ◎ 组编

幼儿园大班

中国教育出版传媒集团
人民教育出版社
·北京·

图书在版编目（CIP）数据

家长学校指导用书．家长成长课堂　幼儿园大班 / 中国关心下一代工作委员会事业发展中心组编．—北京：人民教育出版社，2022.12（2023.4重印）
ISBN 978-7-107-37141-7

Ⅰ．①家…　Ⅱ．①中…　Ⅲ．①学前儿童—家庭教育—家长学校—教学参考资料　Ⅳ．①G78

中国版本图书馆CIP数据核字（2022）第227183号

家长学校指导用书　家长成长课堂　幼儿园大班
责任编辑　张　帆
装帧设计　何安冉
插图绘制　王　玮

出版发行　人民教育出版社
（北京市海淀区中关村南大街17号院1号楼　邮编：100081）
网　　址　http://www.pep.com.cn
经　　销　全国新华书店
印　　刷　北京华联印刷有限公司
版　　次　2022年12月第1版
印　　次　2023年4月第2次印刷
开　　本　787毫米 ×1 092毫米　1/16
印　　张　10
字　　数　124千字
定　　价　35.00元

丛书编写委员会

序言

中国关心下一代工作委员会事业发展中心组织编写的《家长成长课堂》丛书即将由人民教育出版社出版，这是助力家庭教育工作高质量发展，进一步推动青少年健康成长的好事，表示祝贺！

家庭是社会的基本细胞，家庭的前途命运同国家和民族命运紧密相连。党的十八大以来，习近平总书记站在培养担当民族复兴大任时代新人、确保党和国家事业后继有人的高度，就家庭教育作出一系列重要论述。《家庭教育促进法》的颁布实施，更是把家庭教育从家事上升为国事，对政府、学校、家庭、社会明确了具体责任，提出了具体要求。

家庭教育在孩子成长、发展过程中承担着独特的、终身的教化功能，具有其他教育所没有的优势。通过科学的家庭教育指导，提升家庭教育理念，普及家庭教育知识，转变家长教养观念，可以在促进未成年人全面健康成长、增进家庭幸福和社会和谐方面，发挥重要的基础作用。

《家长成长课堂》丛书，从新时代家庭教育的实际情况出发，遵循了孩子身心发展规律以及成人教育的特点，以“立德树人”为主线，以“养成教育”为核心，通过深入浅出的语言、形象生动的案例、具体实用的方法以及独具匠心的“大作业”，手把手指导家长教育孩子，是一套系统、全面、贴近生活的家庭教育指导图书。

希望这套丛书的出版，能让更多的家长学习和领悟到新时代家庭教育的新理念，掌握科学的家庭教育新知识和方法，对家庭教育工作的开展发挥积极的推动作用。我相信，通过家庭、学校和社会的共同努力，我们就一定能够形成合力，创造良好的家庭教育社会氛围，促进孩子们幸福生活、健康成长！

顾秀莲

2022年9月18日

编写说明

家庭是孩子的第一所学校，家长是孩子的第一任老师。家庭教育工作的好坏，关系着孩子的终身发展，关系着千家万户的利益，关系着国家和民族的未来。习近平总书记高度重视家庭建设和家庭教育，强调要“给孩子讲好‘人生第一课’，帮助扣好人生第一粒扣子”，并要求教育、妇联等部门统筹协调社会资源，支持服务家庭教育。2022年1月1日，《中华人民共和国家庭教育促进法》正式实施，更是将家庭教育从家事上升为国事，为家庭教育的实施提供了法律保障。

在党和政府的高度重视下，政府职能部门、社会各界、学校和家长都在不同层面为做好家庭教育、提升家庭教育水平做了大量工作，取得了令人瞩目的成绩。但是，当前家庭教育实践中也存在着一些不足，如家长的监护能力不强、教育理念落后、方法和策略欠科学等，制约着家庭教育的水平和实效。因此，提升家长的教育能力和水平，成为做好家庭教育工作的重要一环。

为了提升家庭教育的水平，帮助家长解决家庭教育中的实际问题，我们组织编写了这套《家长成长课堂》。现将丛书的内容结构、特点简要介绍如下。

一、丛书的内容结构

本丛书采用分年龄班/年级、按主题的方式编写，包含从幼儿园小班到九年级共12册指导用书。每册8课（即8个主题），每课主要由“案例”“案例分析”“了解孩子”“建议”“大作业”等部分内容组成。

1. 案例

书中的案例是从生活中精选出来的事件，或是调查，或是新闻报道，个别案例来自经典的心理学和教育学研究。这些生动又具有代表性的案例，能促使家长去反思自己的家庭教育。

2. 案例分析

紧接在案例后面，运用心理学和教育学的理论，对其内容作出通俗易懂的分析，目的是让家长明白案例中体现了孩子发展过程中的哪些问题或困惑，产生这些问题或困惑的原因是什么。

3. 了解孩子

本部分由紧密围绕主题设计的10～20个小问题组成，并给出了粗略的评价“标准”。家长可以利用这些问题进行测试，了解自己的孩子在相应方面的表现，为确定有针对性的教育策略提供参考。

4. 建议

在“案例分析”和“了解孩子”的内容后，给出了培养孩子良好习惯和解决孩子具体问题的策略与方法。这是理论的具体化，是具有方向性和可操作性的方法。

5. 大作业

这是留给家长的“作业”。在这一部分，我们帮助家长设计了训练孩子良好行为、培养孩子良好习惯的实施方案。期待通过30天左右的训练，初步培养孩子和家长的某种意识或技能，为孩子形成良好的习惯奠定基础。

二、丛书的特点

本丛书以立德树人根本任务为指针，体现先进、科学的家庭教育理念，突出实践性和操作性，在语言表述上尽量做到深入浅出、通俗易懂。

1. 落实立德树人根本任务，体现先进的家庭教育理念

家庭教育首先要坚持立德树人，德育为先。本丛书将热爱祖国、尊敬老人、感恩长辈、关爱他人作为重要的主题，弘扬中华传统美德，渗透责任意识、抗挫折能力、合作能力的培养，力求使家庭教育走出只注重孩子学习成绩、智力培养的误区，体现“五育”并举，培养孩子德智体美劳全面发展，形成21世纪人才所必需的核心素养。

2. 突出实践性和操作性

为提升家长解决家庭教育实际问题的水平，我们通过具体的“案例”描述问题，通过“测试”诊断问题，通过“建议”提出解决问题的方法，再通过“大作业”为家长提供具体计划和方法，使家庭教育的理论变得鲜活，方法可操作，效果可见、可评。

3. 文字表述通俗易懂

考虑到家长的受教育水平不同，我们呈现内容尽量深入浅出，文字表述尽量通俗易懂，一些难懂的专业术语，尽量换成科普性的、解释性的语言，以便使不同文化层次的家长都能够看得懂、行得通。

三、使用中应注意的问题

为了使本丛书能更好地发挥作用，家长们在使用过程中，还需要注意以下几个方面的问题。

1. 根据孩子的实际情况，灵活地选择主题和顺序

丛书每册含8个主题，除了上学适应、入学准备、中考备考等主题外，大多数主题没有严格的先后顺序。家长可以根据孩子存在的突出问题，选择相关的主题对孩子进行有针对性的教育，不一定严格按书中编排的顺序进行。

2. 综合考虑习惯、能力、品质培养的一贯性和针对性

在不同的年龄阶段，同一种习惯、能力或品质，表现的内容不同，程度也不一样，往往要经过较长时间，通过不同的方面来培养。比如，培养孩子珍惜时间、做事有计划的能力，在幼儿园、小学和中学的册次都有涉及，跟随不同册次的指引，家长能够更有目的、有系统、有针对性地培养孩子。

3. 有效利用线上互动平台，为家教指导助力

在使用本丛书的过程中，家长还可关注“义方家长”微信公众号，进入教学服务平台，选择线上课程。这套线上课程除了定期的专家讲座外，还配合“大作业”提供家庭教育实施指导。通过互动，帮助家长解决家庭教育中的难题。

本丛书是家庭教育的指导读物，也适合作为家长学校指导用书。

本册第一课、第二课、第三课由陆军步兵学院石家庄校区左晓冬撰写，第四课、第五课、第六课、第七课、第八课由河北师范大学教育学院翟红娟撰写。翟红娟负责本册主题的拟定和统稿工作，河北师范大学鲁忠义教授负责审定。

由于时间仓促，加上编者的能力有限，书中错误和不当之处在所难免，希望广大读者不吝指教！

编者

2022 年 8 月 26 日

目 录

导读

曾经哭哭啼啼，闹着不肯上幼儿园的小家伙，转眼间就成为了大班的小朋友。再过一年，他们就要结束幼儿园的生活迈进小学的大门了。随着年龄的增长，大班孩子的身心有了进一步的发展，他们已不再满足于追随和服从成人，而是有了自己的想法和主见，其活动的独立性、自主性明显提高。“三岁看大，七岁看老。”在孩子个性形成的关键期，家长该如何更好地教育和引导孩子茁壮成长呢？大班是孩子从幼儿园到小学过渡的重要节点，进入小学后，孩子的生活方式、学习方式、活动范围和人际交往等各方面都会发生巨大的变化。家长应从哪些方面为孩子做好充分的入学准备呢？本册将从心理学、教育学的角度，通过八个话题来探讨大班幼儿的身心发展特点和家庭教育建议。

俗话说：“没有规矩不成方圆。”由于大班的孩子年龄尚小，他们的规则意识还很淡薄，所以翻开第一课，您将读到作为家长应如何根据社会的要求给孩子制订合理、可行的规则，以及如何激励孩子高高兴兴地主动执行规则的方法。

良好的注意力是伴随孩子成长不可忽视的一个重要因素。幼儿期养成良好的注意力，是日后成就一番事业的基础。但幼儿天性好动、好玩，以至于很多家长认为孩子患上了“多动症”，家长的这种观点对吗？如何有效地促进孩子注意力的改善和发展呢？第二课的内容将对此做出回答。

“腹有诗书气自华”。如何让大班的孩子学会阅读，喜欢阅读，并把阅读视为日常生活的一部分呢？读一读第三课吧，在那里，您会了解到家长和孩子一起营造家庭阅读氛围的重要性。

柏拉图说：“好奇者，知识之门。”好奇心强是幼儿的一大心理特征，生活中他们不断地追问“这是什么？”“那是为什么？”。面对孩子千奇百怪的问题，您是不屑一顾，漠然处之，还是把孩子的好奇心引向对知识的渴求和探索，希望第四课的内容能帮助您做出正确的选择。

家长们都在努力为自己的孩子创造舒适优越的生活条件，而第五课的挫折教育，则有意识地要让在“蜜罐”里长大的孩子体验一下生活的磨难，以便培养他们吃苦耐劳的精神、应对困难的勇气以及抗挫折的心理承受能力。

环保意识是新世纪合格公民的一项基本素养。孩子是未来的主人，加强培养他们的环保意识，意义重大且深远，这将直接关系到我们的“明天”能否拥有真正的绿色家园。读一读第六课，相信您会感受到在培养孩子环保意识的同时，孩子的爱心、知识和能力都在增长，收获多多！

建立良好的亲子关系，是获得幸福家庭生活的基石，也是家长教育好子女的前提保障。为此，作为家长，从现在开始就要学习亲子之间的相处之道，不要因为孩子小而忽视这一点的重要性。本书第七课就此内容提出了一些建议，希望能帮助家长和孩子建立起良好的亲子关系。

为了让孩子尽快适应小学生活，很多家长在入学准备方面做了很多工作，比如，教孩子识字，算算术，甚至提前辅导孩子学习小学课本上的内容。这些做法值得提倡吗？充分的入学准备除了前边几课涉及的内容外，还包括哪些方面呢？希望您能在第八课中找到答案。

第一课

没有规矩不成方圆

——培养孩子的规则意识

孟子曰：“不以规矩，不能成方圆。”遵守规则是人类社会生活能够正常运行的前提和保证。规则意识能够帮助孩子明确自己的行为边界，知道哪些事情该做，哪些事情不该做。久而久之，形成自律的好品质，助其顺利成长。试想，遵守交通规则的孩子，红灯停，绿灯行，过马路时走斑马线，不仅维护了交通秩序，而且为出行安全多了一份保障；遵守校规校纪的孩子，不迟到，不逃课，认真听讲学知识，学习进步水到渠成；遵守人际交往规则的孩子，讲礼貌、守信用、诚实待人，惹人爱……

规则意识，并非生而有之，需要从小培养。家长要从日常小事做起，帮助孩子形成规则意识。既要根据孩子的年龄特点，制订合理的家庭常规，比如，吃饭时必须坐在餐桌前，不能边吃边玩、随处跑；又要把法律明文规定的、人们约定俗成的规则有意识地渗透到日常生活中，如不偷不抢、不插队、尊老爱幼等，引导孩子潜移默化地建立规则意识。

案例

军军是一个聪明的孩子，活泼好动，长得非常讨人喜欢。他走路时不小心被椅子绊了一跤，就非要把椅子“打”一顿；叔叔吃了一口他的苹果，他要叔叔吐出来，补好还给他。这些稚嫩的想法和举动常常惹得全家哈哈大笑，军军就是在这种宽容和溺爱的环境中慢慢长大的。上了大班，集体活动时间增加了，很多时候需要小朋友安静倾听。他经常不注意听讲，与小朋友说话，揪小朋友的辫子，乱拿小朋友的文具。游戏时，他经常会为玩具与同伴打得不可开交。刚开始，家长总想着“树大自然直”，孩子还小，人又机灵，长大了就懂事了。可是后来情况越来越严重，他甚至在老师进行集体活动时站起来，在活动室里走来走去，老师批评他，他却大喊大叫。游戏时，他总与其他小朋友发生冲突，搞得小朋友都不愿意跟他玩。军军的这种表现让老师和家长大伤脑筋。

案例分析

军军之所以出现上述种种让家长头疼的问题，归根结底是由于他还没有形成规则意识。没有规矩不成方圆，规则意识的建立是从遵守家庭生活中的规定开始的。规则意识的培养对于大班的孩子尤其重要。案例中军军的表现是十分典型的，但并不具有普遍性。不过，大多数孩子在家里都会有一些不遵守规则的行为。比如：答应每天只看半小时电视，实际上一看就是一两个小时，甚至家长制止时还又哭又闹；说好早睡早起，早晨醒了却在被窝里赖着不起床。为什么孩子会出现这些不遵守规矩或约定的行为呢？

一、家长没有规则意识

在家庭生活中，有些家长自身就缺乏规则意识，他们总是认为孩子还小，或认为现在孩子头上的条条框框已经够多了，应该多给他们一些自由才对，只要孩子的要求不出格，就会尽量满足。这类家长，在平时生活中就不太注意制订规则，更不要说遵守规则了。作为家长要正视规则的重要性，要让孩子认识到逾越规则是不被允许的，因为遵守规则正是为了自己和大多数人的安全和自由。其实，孩子的规则意识都是在平时的生活中慢慢体会和学习的。小到一回家要主动换拖鞋，吃零食时不乱扔垃圾；大到按时作息，养成良好的作息习惯，做完作业才能看电视；等等。如果家庭生活中没有规矩，孩子就不可能形成规则意识，更不可能遵守规则。

二、规则的表述不清楚

有的家长很注意制订规则，但是孩子在执行规则的过程中却显得无所适从。这是因为，家长在制订规则的过程中，往往以成人的眼光和心态来看待孩子的行为，却不知道很多在成人眼里十分清楚的规则对于孩子来说却是模糊的。例如，家长让孩子在自己的房间里好好画画，并自己收拾房间，可孩子却画得到处都是，地上、家具上，甚至墙上都有“杰作”。为此，家长很生气，甚至对孩子进行批评和责骂。可是家长并不清楚，孩子眼中的“好好画”与自己眼中的“好好画”的意义并不相同。因此，如果想培养孩子的规则意识，不但要制订规则，而且要以孩子能听懂的方式表达出来，让孩子能清楚地理解规则，这才是确保孩子能做到遵守规则的前提。

三、规则不能被孩子认可

有的家长制订了很多规则，表述得也十分清楚，但是这些规则得不到孩子的认可。家长在制订规则时，往往以成人的眼光和道德标准来要求孩子，而不考虑孩子的感受和想法，容易造成孩子对规则的抵制。比如，家里来了小朋友时，经常会出现孩子们争抢玩具、零食或游戏角色等情况。这时，一些家长为了平息孩子们的争吵，往往会出面制止，在他们看来，争执是不团结友爱的表现，于是要求自己的孩子让着别人。比如："他是你的好朋友，是小客人，玩具和好东西应当与好朋友一起分享。"可是对于孩子来说，他们是无法完全理解成人的规则和道德的。即使暂时的冲突解决了，孩子也只是屈从于成人的压力和权威，而对于规则他们并不认可。所以，当家长不在场、类似的情景再次发生时，孩子依然我行我素。

四、孩子遵守规则的行为没有得到及时的奖赏

家长的奖励和赏识是孩子行为的重要动力。在许多情况下，当规则刚刚制订时，孩子们总是会遵守它，只是时间一长就会出现违反规则的情况。一方面，这是由于孩子的身心发展特点决定的，他们的自我约束力不能保持太久；另一方面，则是由于家长没有及时对孩子遵守规则的行为给予肯定和强化。比如，家里来了客人，家长在接待客人时告诉孩子，"大人们在谈重要的事情，你要自己乖乖地玩，不要打扰我们"。一开始，孩子往往能按照家长的话去做。可时间一长，孩子会觉得自己被忽视了，于是就会用各种方式来吸引家长的关注。比方说，孩子会直接跑过来要求家长陪他玩，或者制造出大的声响，以吸引家长的注意。

五、有规则但没有执行

规则一旦形成，必须遵守，没有妥协的余地。生活中无论做什么事，第一次做好了，第二次就容易做好；第一次做错了，第二次就容易做错。对于年龄小、可塑性强的幼儿更是如此。其实在许多家庭里，家长也曾多次强调和制订规则，但是由于各种原因而导致规则没有被执行。

现实生活中经常碰到这种情况：家长多次要求孩子玩完玩具后自

己收拾，放回原处。可有时孩子当作没听见，照样不收。多数家长没办法，就自己跑去收拾。家长一次次地对孩子提出要求，可孩子却一次次地对要求置若罔闻。你要求他一次，他没去做，结果还是照样过关，过不了几次，孩子就会产生这样的认知：家长订的规则是可以不理会的。不论什么规则，家长既然制订了，就一定要让孩子遵守。否则，孩子可能就会蔑视规则，长此以往，在他们的头脑中就没有规则可言了。

六、家长不能以身作则

“言传不如身教”，孩子的生活习惯和行为习惯，都是通过模仿成人的行为和举止而形成的。家长的一言一行、一举一动都会被孩子有意无意地模仿和学习。许多孩子之所以没有形成规则意识，很大程度上跟家长的不良示范是有关系的。比如：一些家长要求孩子不要一心二用，吃饭时不能看电视，可自己却常常边吃饭边看电视或手机；家长要求孩子早睡早起，可自己却总是因为工作或娱乐，晚上很晚才睡，早晨也有“赖床”的习惯。试想一下，家长这种视规则如虚设的行为，会给孩子造成什么样的影响呢？

了解孩子

您的孩子在遵守规则方面，是否存在着这样或那样的问题？您了解孩子在遵守规则方面的现状吗？下面这些简单的问题，会帮助您初步了解孩子遵守规则的情况。如果您的回答多数为“是”，则说明您需要加强对孩子规则意识和行为的培养。

1. 经常乱扔果皮、纸屑等。 是□ 否□

2. 自己的玩具等物品随处乱扔。 是□ 否□

3. 随意在墙面、家具、地面等地方乱写乱画。 是□ 否□

4. 看电视无节制。 是□ 否□

5. 吃饭时不能一心一意，经常边吃边玩。 是□ 否□

6. 只要看到喜欢的东西就哭闹着要买。 是□ 否□

7. 经常因为不遵守游戏规则与小朋友发生冲突。 是□ 否□

8. 经常与小朋友争抢玩具。 是□ 否□

9. 不会主动跟认识的人打招呼。 是□ 否□

10. 别人讲话时经常随便插嘴。 是□ 否□

建议

孩子的成长离不开家庭，规则意识首先是在家庭中萌芽和发展的。因此，家长应当转变观念，重视对孩子规则意识的培养，在日常生活中多融入规则因素，在潜移默化中塑造孩子的规则意识，培养孩子遵守规则的行为。

一、在日常生活中制订必要的规则

规则的培养不是知识性的传授，而是行为意识和习惯的培养。俗话说："习惯成自然。"孩子在日常生活中的行为和表现，其实是培养规则的关键环节。许多家长认为，孩子还小，没有必要订太多规矩。其实不然，生活中的许多细节恰恰是规则意识萌发的基础。因此，有必要在孩子的日常生活中制订一些简单的规则，比如吃东西前一定要洗手，水龙头用完一定要关紧，吃饭的时候不能看电视等。如果孩子的规则意识较差，开始时不要一下子制订出很多规则，而是要循序渐进地一项一项来，给孩子一个适应的过程。当孩子对一项规则基本能做到时，再制订下一项规则。

二、规则的表述要清晰明确，易于理解

家长在制订规则时，要站在孩子的角度，用孩子能够听懂的方式对规则进行表述。因为孩子对规则是否理解，直接影响孩子对规则的遵守情况。比如，在孩子活动之前，家长不要只向孩子提出“好好玩”“好好做”之类的笼统要求，而要用简单明了、生动形象的语言进行表述，必要时还可以配合相应的动作或行为，以强化提出的要求，使孩子充分理解什么可以做，什么不可以做。只有这样，孩子才有可能在活动中有意识地约束自己的不当行为，遵守并执行规则。

三、以积极的方式对孩子提出规则要求

心理学告诉我们，对孩子不能讲反话，因为他们常常将反话正过来理解。对于孩子必须遵守的规则，我们可以直接告诉他们，如“上下楼梯都靠右边走，这样更安全、更方便”，而不能说“不要靠左边走，靠左边很危险”。孩子都有逆反心理，往往越是不让做的事情，他就越想去尝试。如果家长从正面提出规则，孩子就会感到家长是尊重他、信任他的，这样更有助于强化孩子遵守规则的意识。

四、让孩子参与制订规则

家长应积极主动地创造机会，让孩子参与规则的制订。学会自己去建立规则，这对培养孩子的规则意识、增强孩子遵守规则的责任感至关

重要。一方面，在家里制订生活规则时，应尽量征求孩子的意见，同孩子一起制订规则。此时，如果家长与孩子的意见不同，也要耐心地对孩子进行说服教育，而不要采取强制压迫的态度。另一方面，家长应该在生活中为孩子创造各种实践的机会，让孩子身体力行，学会遵守规则。比如过马路，不要一味地提醒孩子要如何如何，而是让孩子做“向导”，拉着妈妈的手，按照交通规则安全地通过马路。

五、对孩子遵守规则的行为及时进行奖励

儿童心理学研究表明，孩子都希望得到家长和他人的认可。这样的承认和赞许对他们的进步是十分重要的。因此，家长要善于发现孩子在遵守规则上的每一点进步和成绩，并及时用不同的形式加以肯定和表扬。如果孩子经过努力遵守了规则，而家长却视而不见，或认为理所当然，孩子就会觉得做不做都一样，而且日后也不再那么努力地去做，甚至对家长的指令也听而不闻了。家长在运用奖励这种方法时应注意以下几点。

1. 及时奖励。良好的行为一经出现，要及时肯定，时间越早，效果越好。奖励可以是精神的，也可以是物质的。家长首先要了解孩子希望得到什么，孩子感兴趣的是什么。有时候一句话、一个吻、一个微笑，就是孩子最想得到的珍贵奖品。物质奖励要尽量少用。

2. 让孩子产生满足感。“你帮了妈妈一个大忙！”“你一定花了不少时间和心血，你做得真好！”“你真的竭尽全力了！”这样的赞扬不仅表示家长欣赏孩子的努力，而且还鼓励了孩子要继续努力，孩子由此能够获得极大的满足感。

3. 让孩子明白因为什么受到奖励。如：“你能自己把玩具收拾得整整齐齐，不用妈妈帮忙。你真棒！”

4. 说话要算数。家长如果事先许诺对孩子的某种良好行为进行奖励，就要落到实处，不要出现“打白条”的现象。

5. 允许反复。由于年龄特点所致，孩子在实际生活和学习中经常会出现不守规则的现象。为此，家长不能急于批评孩子，而应对孩子多一分宽容和接纳，允许孩子出现反复的情况。同时，应冷静地从自己的教育行为和孩子的年龄特征上找原因，多做正面引导，避免伤害孩子的自尊心。

六、利用游戏，提高孩子执行规则的能力

游戏是孩子的天性。如果把规则寓于游戏之中，孩子会更容易接受。比如，家长要求孩子掌握与人交往的基本规则时，可以和孩子一起玩“过家家”的游戏。设计诸如向别人问路、借东西等场景，让孩子练习正确地使用礼貌用语。对于生活习惯、学习方式、人身安全等相关规则的培养，家长可以根据孩子的需要去设计场景，让孩子在轻松、快乐的氛围中练习并执行规则。

七、家长要以身作则

孩子的眼睛是反映家长行为的镜子。家长以身作则、言传身教，对孩子来说具有非常积极的意义。家长的一言一行，即便是最容易被忽略的细节，都会被孩子分毫不差地记在心里，并在某些时刻表现出来。在日常生活中，家长一定要按合理的规则行事。比如，看完的书要放回原处，见面主动与人打招呼，过马路走斑马线，按时作息等。这些细小的行为，都可以对孩子规则意识和良好行为的养成产生积极的影响。

八、规则意识和行为的培养要持之以恒

对某一规则学习之后，要不断地在日常生活中加强练习，才能使良好的行为得到强化，进而建立规则意识，形成行为习惯。所以说，培养孩子良好的规则意识和行为并不是一朝一夕的事，需要家长付出耐心和恒心。一方面，家长之间对规则的要求要保持一致。规则培养最忌讳的就是家长之间对孩子的行为要求不统一，即不同的家长对孩子提出不同的要求或要求的程度不同。另一方面，对孩子提出的规则要求不能时有时无。家长高兴了，就让孩子放任、松懈；家长心情不好，生气了，就对孩子严加管教。这样不但会使孩子感到无所适从，而且也会破坏刚刚建立起的行为和生活习惯，阻碍孩子规则意识的形成。

大作业

家长可以按照下面的方法，从日常生活入手，循序渐进，持之以恒地培养孩子的规则意识和行为。

第一阶段：观察和反思阶段（3天）

家长可以按照本课“了解孩子”部分所列的内容，认真观察孩子在日常生活中的表现，重点从以下几个方面观察孩子规则意识和行为的发展水平，并用一两句话分别进行描述和记录。

第一天：生活习惯方面的规则（主要记录孩子在吃饭、睡觉、看电视、玩具存放、外出购物等方面的表现）。

好的方面：

不好的方面：

第二天：游戏规则（主要记录孩子在各种游戏中是否能遵守约定的“玩法”。比如：演“士兵”时能长时间站岗，捉迷藏时不偷看等）。

好的方面：

不好的方面：

第三天：交往规则（主要记录孩子与同伴相处时，在合作、分享、协商、礼貌待人等方面的表现）。

好的方面：

不好的方面：

第二阶段：体验和感受遵守规则的重要性（3天）

针对前一阶段的练习，发现孩子在规则意识方面存在的不足（比如物归原处、诚实守信、安全出行等），通过读绘本故事、看视频动画、玩角色扮演游戏等方式，和孩子一起体验遵守规则的重要性。

遵守规则的好处：

违反规则的坏处：

第三阶段：制订和表述规则阶段（3天）

在前期准备的基础上，和孩子一起分析遵守规则表现欠佳的原因，选择一项规则（如，避免长时间看电视）作为当前的重点培养目标。

目标：

第一天：与孩子讨论不遵守规则的原因（如，没人跟我玩，我没事情做；大人看电视的时间也很长）和危害（如，长时间看电视会损害眼睛，会影响第二天早晨起床和上幼儿园）。与孩子共同制订规则，并用明确清楚的语言进行描述（如，每天看电视的时间不能超过1小时，每次看电视不能超过半小时，孩子可以自己决定什么时间看、看什么节目）。

第二天：设置适合孩子遵守规则的外部环境（如为孩子安排各种替代性活动：与孩子一起游戏和锻炼，让孩子多和小伙伴一起玩，培养孩子其他方面的业余爱好等）。

第三天：与孩子共同制订执行规则的奖惩方法（如，增减睡前讲故事的次数或出去游玩的机会等）。

奖励方式：

惩罚方式：

第四阶段：初步执行和遵守规则阶段（7天）

在这一阶段，家长可以与孩子一起尝试遵守新的规则。当孩子做得好时，要注意及时给予鼓励和奖赏（用五角星、小红花等孩子喜欢的方式，把取得的进步展示出来，粘贴在家里显眼的地方，以培养孩子的成就感和自我监督意识）。还可以把孩子每天遵守规则的情况记录下来，在周末进行总结。

第一天：

第二天：

第三天：

第四天：

第五天：

第六天：

第七天：

第五阶段：规则的巩固阶段（14天）

一般来说，一种行为成为习惯，需要家长支持孩子坚持较长一段时间。因此，当孩子能初步遵守规则时，要注意巩固前一阶段的成果，加强对其行为的监督和检查。要以正面鼓励为主，避免责骂甚至体罚，并按照事先的约定进行合理的惩罚。请记录这一阶段孩子的行为表现。

第一天：

第二天：

第三天：

第四天：

第五天：

第六天：

第七天：

第八天：

第九天：

第十天：

第十一天：

第十二天：

第十三天：

第十四天：

提示：家长可以为孩子准备一个“规则意识培养记录本”，把各项规则的培养过程按照以上内容逐一进行记录和分析，从而发现孩子的进步和变化。

总之，规则意识的培养不是一朝一夕的事情，类似的训练应当长久地坚持下去，切记“坚持最重要”！只要家长能和孩子一起努力，坚持不懈，相信每一个孩子都能形成良好的规则意识，进而为更好地适应日后的生活和学习、拥有健康快乐的人生打下坚实的基础。

第二课

“多动症”的帽子我不要

——培养孩子良好的注意习惯

注意力是指人的心理活动指向和集中于某种事物的能力。只要稍加观察就会发现，生活中那些专心致志、做事注意力高度集中的人，他们不但做事效率高，而且更容易获得成功；而那些注意力欠佳的人，做事的专注度不够，时常三心二意，这也成为阻碍他们顺利“前行”的绊脚石。

很多家长认为孩子还小，他们淘气、不懂事，只要随着年龄的增长，注意力自然就会提高。其实这样的想法是不正确的。注意品质的好坏并不是与生俱来的，而是需要依靠后天的培养和训练。经过科学有效的培养、训练，注意品质可以得到很好的发展。大班的孩子处于注意力迅速发展时期，因此，我们要抓住孩子的敏感期，引导和训练他们在日常生活中，获得高品质的注意力。

案例一

上幼儿园大班的嘟嘟，过了暑假就要上小学了。老师反映他经常在集体活动时东张西望，注意力不集中，不听老师说话，以至于老师提问的时候，他总是答不上来，甚至不知道老师的问题是什么。有一次，老师向嘟嘟的家长“告状”时，爸爸妈妈说他是“多动症”，这句话不小心被一旁的嘟嘟听到了。就这样，小家伙囫囵吞枣地接受了自己“多动的现实”，于是他常常理直气壮地说：“没办法，我是多动症！”

平时在家中，嘟嘟做事情经常注意力不集中。例如，每天回到家练习画画时，刚好赶上电视上播放他喜欢看的动画片，于是他便一边看电视一边画画。妈妈告诉他做事要专心，他还振振有词地说："我这是为了节省时间。电视上插播广告的时候，我就画画，放动画片时，我就看电视。"嘟嘟的书桌很乱，画本、画笔和各种零食、玩具混在一起，摆满桌面，所以即使不看电视，他画画时也常常边画边玩。这样一来，往往很简单的一幅画，他也得画很长时间。他玩玩具时也总是"兼顾"着玩，坐在玩具堆里，一会儿拿起这个，一会儿拿起那个，不停地换来换去。

妈妈也曾经尝试把玩具收走，把电视关掉，可嘟嘟就是很难专心地做事。一会儿要喝水，一会儿要上厕所，一会儿又说累了，一会儿又说让家长陪着玩。即便有时他坐在书桌前画画，身体也不老实，要么屁股扭来扭去，一会儿玩铅笔，一会儿又玩橡皮，要不就玩衣服上的扣子。妈妈为此骂过、打过、"贿赂"过嘟嘟，可都没用。因此，妈妈很苦恼：大班的这点儿绘画"作业"都这么费劲，上了小学可怎么办呢？

案例二

聪聪也在幼儿园大班，他聪明活泼，是一个兴趣广泛的孩子。他对什么事情都感兴趣，可经常是这个还没做完，又去做下一件事，结果很多事情都是半途而废。妈妈认为孩子年龄还小，想到什么就做什么，做事缺乏目的性和计划性是正常的，等长大就好了。平时，妈妈怕孩子磕着碰着，很少离其左右，并且多数时间让孩子待在家里玩。一个周末，邻居家的小妹妹来找聪聪搭积木房子，可是聪聪想玩打仗的游戏，两个人互不相让。最后，在妈妈的劝说下，聪聪勉强让着小客人开始搭积木。可不一会儿，他就不耐烦了，转身拿起玩具枪对着搭好的房子开始“射击”，“哗啦”一声，积木全被他打倒了，小妹妹委屈地哭了起来。

案例分析

在大班孩子中，像嘟嘟和聪聪这样的情况具有一定的普遍性。许多孩子在注意力发展方面，或多或少存在一些薄弱环节。有的是注意力难以集中，有的是注意力保持的时间很短。造成这些问题的原因大致有以下几个方面。

一、注意力发展还未成熟

大班的孩子一般处于5~6岁的年龄阶段，他们的神经系统发育还不成熟，自我控制能力还比较差，因而注意力不稳定，且易受外界影响，注意力易于分散。同时，孩子对外界事物具有强烈的好奇心，什么都想看一看，摸一摸，这也是导致注意力不稳定的一个原因。

二、受生理因素影响

生理因素也是造成孩子注意力不集中的重要原因。例如，由于饥饿或睡眠不足、身体疲劳或不舒服等，常会导致孩子注意力难以集中。听觉、视觉方面的障碍，营养不良造成的贫血，不良卫生习惯或环境污染造成的铅中毒等，都会影响孩子注意力的发展。

此外，一种常见的儿童行为问题——注意力缺陷多动障碍，简称多动症，需要引起家长的特别关注。它是一种以注意力保持困难、易冲动和多动为核心症状的心理障碍疾病，其主要特点是患儿自控能力差。该疾病症状不仅表现在学习方面，而且在交往、独立生活等方面也存在诸多困难。多动症通常起病于6岁以前，学龄期症状明显，随着年龄的增长症状会逐渐减轻。有的家长把多动症和顽皮好动画上等号，耽误了孩子的治疗；有的家长则滥用名词，动不动就给孩子扣上“多动症”的帽子，误导孩子认同并相信自己就是坐不住、注意力无法集中的人。家长对多动症的误解和误用，都将对孩子造成不良影响。

三、周边环境中存在大量干扰因素

孩子极容易被新鲜好玩的事物所吸引。在孩子的学习和生活环境中，常常存在着一些干扰注意力的因素。比如，家里布置得过于眼花缭乱，墙上贴满各种可爱的卡通人物，窗户上挂着叮当作响的风铃，桌上摆满各种玩具和零食，这些都容易导致孩子的注意力分散。尤其是有的家长给孩子买玩具很“慷慨”，面对各种设计巧妙、制作精致、色泽鲜艳的玩具，孩子会难以取舍，哪个都想玩，注意力难以集中。还有许多孩子习惯在客厅或过道中做游戏或看书、写作业，成人的交谈声、电视声、家中的宠物等，都会成为影响孩子注意力集中的干扰因素。

四、孩子对活动缺乏兴趣

在许多情况下，孩子的注意力难以集中，或者不能较稳定地保持在某种活动上，一个重要原因是孩子对活动本身缺乏兴趣。兴趣和注意力有着密切的关系，孩子对感兴趣的事情，容易长时间集中注意力。例如，孩子在看动画片、打游戏机时，不用提醒，他们也能聚精会神、专心致志。如果孩子对活动产生厌倦，就会缺乏主动性和积极性。比如，对于6岁的聪聪而言，搭积木已经没有什么挑战性，该游戏不能引发他的参与兴趣，因此他才难以集中注意力。而在“打仗”游戏中出现的破坏性行为，其实是聪聪真实兴趣的表现，家长不能将孩子在活动中的表现简单地视为注意力发展的问题。

五、活动的目的和任务不明确

任务是目的的具体化。年幼的孩子做事缺乏目的性，盲目性和随意性比较强。作为家长，在孩子活动之前，尤其是孩子不感兴趣的活动，如果没有给他们提出具体明确的要求，孩子就很难长时间地将注意力集中在该项活动上。案例中嘟嘟的妈妈，在孩子做“作业”时没有限定完成时间。聪聪的妈妈也一样，对于缺乏新鲜感的搭积木游戏，她没有给聪聪提出具体建议，聪聪是迫于家长的压力，才漫无目的地和小妹妹一起“搭房子”，很明显聪聪是在敷衍了事，难怪他半途而废搞破坏。

六、时间安排不合理

另外一个导致孩子注意力不集中的重要因素是，活动时间安排不合理。这主要有以下两种情况：一是家长没有考虑到成人与孩子注意力发展水平的不同，对孩子抱有过高的要求和期望，要求孩子长时间做同一件事情；二是家长在安排孩子的活动任务时，没有考虑孩子的兴趣和身体状况，因而导致孩子无法专心。比如，有的家长要求孩子练琴的时间，刚好是孩子喜爱的动画片的播出时间，这样孩子常常是“身在曹营心在汉”；有的孩子因为在外边玩得太累了，但家长不知道变通，依然要求孩子在规定的时间去练琴；等等。这些都容易导致孩子注意力不集中。

七、家长过度保护和限制

跟聪聪的妈妈一样，很多家长怕孩子磕磕碰碰，出现意外。为了保证孩子的安全，家长往往会自觉不自觉地对孩子的行为进行过度的保护和限制：这不能碰，那不能摸，很多事情干脆亲自上手替孩子完成。可是过度保护实际上等于家长代替了孩子的注意力，这不但会导致孩子娇生惯养，还会使孩子形成自制力差、冲动任性的性格，继而阻碍孩子注意力的发展。而过度限制则缩小了孩子的注意范围，使之无所适从，焦虑不安，同样不利于孩子注意力的发展。

了解孩子

孩子的注意力发展状况到底如何？下面这些问题，会帮助您对孩子注意力的发展水平有一个初步的了解。请按以下事项认真观察自己的孩子，符合孩子行为的选“是”，不符合的选“否”。如果选择的“是”较多，则说明您需要加强培养孩子注意力的集中性和稳定性。

1. 除个别玩具外，玩玩具时通常不能持续较长时间。 是□ 否□
2. 在画画时，只要周围有声响，就会立刻分散注意力。 是□ 否□
3. 很少连续一页页地看故事书，经常一本本地乱翻。 是□ 否□
4. 遇到问题时，不愿意多加思考。 是□ 否□
5. 平时经常听不见爸爸妈妈对他说的话。 是□ 否□

6. 常常打断他人说话。 是☐ 否☐

7. 做“作业”总是拖拖拉拉，经常边做边吃东西（或看电视，玩玩具）。 是☐ 否☐

8. 老师总反映孩子不能专心听讲，经常做小动作。 是☐ 否☐

9. 做游戏经常半途而废。 是☐ 否☐

10. 做事急躁，缺乏耐心。 是☐ 否☐

建议

俄国教育家乌申斯基说过：“注意是心灵的天窗。”只有打开注意力这扇窗户，智慧的阳光才能洒满心田。注意力是孩子学习和生活的基本能力，它的好与坏将直接影响孩子身心各方面的发展及入学后的学业成绩。孩子注意力的形成虽然与先天的遗传有一定关系，但后天的环境与教育的影响更为重要。家长应当根据孩子的身心发展规律与特点，为其创造良好的教育环境，有意识地培养孩子的注意力，帮助孩子养成良好的注意品质。

一、排除导致注意力缺陷的生理因素

如果通过日常观察发现孩子在注意力方面存在问题，首先要确认是否是生理原因造成的。如果怀疑孩子的注意力问题可能是由视听觉障碍、贫血、铅中毒等病理性因素导致的，一定要及时去医院检查确认。特别是当家长担心孩子患有多动症时，千万不要妄下结论，一定要到医疗机构进行科学的检查。其实被怀疑是多动症的孩子，大多只是因为天性好动。那么，如何区别孩子是多动症，还是天性好动呢？以下几个标

准，可以帮助家长进行初步的判断。

1. 注意力与兴趣的关系。好动的孩子对他喜欢的事情，能够全神贯注，不喜欢别人的干涉和影响。这样的孩子做事时如表现不专注，主要是因为对所做的事缺乏兴趣。而多动症患儿，无论何时何地何事，都不能较长时间地集中注意力。

2. 行动的目的性、计划性及系统性。好动的孩子做事常有一定的目的，并有计划及安排。多动症患儿做事时，常常表现为冲动、杂乱无序、有始无终。

3. 自制力。好动的孩子在严肃、陌生的环境中，有自我控制能力，不会随性吵闹。多动症患儿却无此能力，他们不分场合，总是很任性。

如果家长通过以上几条标准判断孩子可能为多动症，就要及早到专门的咨询和医疗机构进行诊断和治疗。多动症发现得越早，造成的消极影响就会越小。

二、营造安静、整洁、简单的环境

大班孩子的注意力稳定性较差，容易被新奇刺激的事物吸引，而转移注意力。因此，家长应根据这一特点，排除各种可能分散孩子注意力的因素，为孩子创造安静、整洁、简单的物质环境。例如，孩子玩安静游戏或看书的地方应远离过道，避免他人的来回走动影响孩子的活动；电视、零食等可能吸引孩子注意力的物品应摆放在较隐蔽的位置；培养孩子养成将自己不用的玩具、图书等物品，分门别类、摆放整齐并物归原处的好习惯。

如果条件允许的话，尽量给孩子布置专门的活动和学习空间。布置环境时，可以选择生动、有趣且富有美感的图案或悬挂物，比如卡通贴画、小星星、小气球或小挂件，但要以简单装饰和点缀为主，切忌多而繁杂。需要提醒的是，尽量不要布置像风铃这类可以发出声音的饰品。对于孩子来说，这些物品很容易分散他们的注意力，影响游戏和学习的完成。总之，家长要尽量给孩子创造一个安静、简洁、有规则的空间，以培养孩子注意力的稳定性。

三、给孩子留出自己的空间

家长还应注意调整自己的言行举止，与孩子形成良好的亲子互动模式。当孩子全神贯注地做某件事时，家长不要随意打扰他。这样的画面应该从家庭生活中消失：孩子正聚精会神地画画，妈妈走过来问一句“宝贝，你渴吗”，然后让孩子去喝饮料；一会儿，爸爸叫孩子帮忙去拿一样不要紧的东西；又过了一会儿，妈妈让孩子停下手中的画笔，来给她表演一下幼儿园新学的舞蹈……孩子短短几分钟的活动被大人连续打断，不利于集中注意力。因此，在孩子专心做事时，家长最好也坐下来做些安静的活动，不要在旁边走来走去或用其他任务来打扰孩子。

四、让孩子按时作息，生活有张有弛

孩子一天的生活节奏会影响他的注意力。因此，家长应当注意合理安排孩子的生活作息时间，让孩子明确什么时候可以尽情地玩，什么时候必须专心完成学习任务，进而在劳逸结合、动静交替的生活中健康成长。比如，学习一段时间之后，为了让孩子疲劳的大脑得到充分的休息，可以安排孩子做一些动态活动，到户外跑一跑、跳一跳。当然，如上所述，反过来，孩子在外边累得满头大汗，异常兴奋地回到家里，就不适合让他马上进行画画、读书或写作业等安静的活动。

五、培养孩子的自我约束能力

在学习中遇到困难和干扰，或碰到不感兴趣的内容，孩子需要学会通过自我控制，使注意力集中在当前的活动内容上。家长可以采用游戏的方式，有意识地创设相关情境，将保持注意力的要求变为遵守游戏角色的行为规则，逐渐提高孩子的自我约束能力。如与孩子一起玩“交通警察”的游戏，让孩子扮演交通警察，按照交通规则来指挥各种车辆，事先约定每班交通警察要站岗3分钟，时间到后才能换岗。在游戏中，对警察站岗的时间要求可以循序渐进地提高。通过不同的游戏活动，既能培养亲子感情，也能帮助孩子慢慢地将外在的游戏规则转化为内在的自我约束。

六、将孩子要完成的任务游戏化

游戏是孩子生活的主要组成部分，孩子在游戏中注意力会高度集中。究其原因，是因为游戏符合孩子的兴趣与需要，而这正是孩子完成任务的内在推动力，是直接影响孩子注意力的情感系统。例如，为了锻炼孩子的手部小肌肉，促进其手眼协调性的发展，家长陪孩子在家做手工时，可以做孩子喜欢的卡通头饰，如孙悟空、白雪公主等。头饰做好后，为了让孩子保持对后续活动的兴趣（如，佩戴头饰玩角色扮演游戏），家长应确保活动的内容要符合孩子的需要；活动难度要适合孩子的能力和发展水平，既要有一定的难度，又要让孩子通过努力体验到成功的快乐；活动形式要生动、形象、有趣。

七、活动任务要具体明确、难易适中

注意力是为任务服务的，任务越明确，完成任务的愿望越迫切，注意力就越能集中和持久。例如，家长和孩子一起在花盆里种花生，如果家长仅仅说“你要观察它”，过不了几天，孩子的兴趣就会渐渐淡化，甚至消失，根本不会再去观察花生。如果在种上花生后，告诉孩子：“让我们来比一比，看谁能第一个发现花生长芽。”这样，孩子就会带着任务目标，经常性地去观察花生的生长情况，以赢得比赛。

八、构建和谐的家庭关系

和谐的家庭关系对孩子形成良好的注意品质至关重要。试想，家庭成员之间，特别是夫妻之间和亲子之间经常吵闹、打骂、指责、揭短，孩子生活在没有安全感、充满恐惧和担忧的环境中，怎么能够集中注意力做事呢？所以，夫妻之间要互敬互爱，互谅互让；家长对孩子要平等相待，多一分体谅，少一些训斥，多一分理解，少一些专横。做到爱教结合，既不百般溺爱，又不简单粗暴，而是严宽得当；注重与孩子之间的沟通，帮助孩子排忧解难，让孩子把心中的不快宣泄出来。总之，孩子只有身处温馨和谐的家庭氛围中，没有压力，没有烦恼的纠缠，才能带着愉快的心情集中精力做事，快乐地生活和学习。

大作业

家长可以借鉴下面的注意力训练计划，有针对性地改善和发展孩子的注意力，为其今后的学习和生活打下坚实的基础。

第一阶段：观察和反思阶段（5天）

1. 观察孩子在学习、生活中的表现，了解孩子注意力发展的现状，把孩子分心或注意力不集中的情况记录下来。

2. 对以上的情况进行分析，找出导致孩子注意力分散的原因。

第一天：

第二天：

第三天：

第四天：

第五天：

第二阶段：方案设计阶段（5天）

1. 对于环境的干扰或家长原因导致的问题，家长可以根据建议进行相应的调整和改进，并将想要采用的具体措施记录下来。

2. 对于孩子在注意力方面存在的问题，广泛搜集有针对性的训练方法，并将所了解的具体方法整理记录下来。

下面提供了几种训练注意力的方法，供家长参考。需要注意的是，每种方法的运用都要根据孩子的能力和发展水平，由浅入深，由简单到复杂，循序渐进，坚持练习，这样才能逐步锻炼和提高孩子的注意品质。

（1）“对号入座”游戏

家长可以将家里的玩具集合起来，事先给每个玩具用卡片编上号码。开始时，将每个玩具都分别对应一个号码，让孩子记住。然后，家长将号码拿起来，并把号码弄乱，再让孩子把每个玩具和它们原来的号码对上，让孩子练习准确地将玩具一一对号入座，进而培养孩子的注意力。

（2）拼图游戏

拼图是训练集中注意力最有效的游戏项目，它要求孩子在相当长的一段时间内，保持连续不断的判断力和分析能力。这种具有挑战性的游戏会激发孩子参与游戏的兴趣和积极性，而完成拼图后的喜悦，将会让孩子感受到成就感。

（3）多米诺骨牌

多米诺骨牌是一种锻炼孩子完成单调、重复性任务的玩具。把几百块骨牌瞬间推倒的快感，能促使孩子对游戏过程中的“单调”产生免疲力，进而集中注意力追求成功所带来的快乐。

（4）复述性练习

让孩子看15分钟书，或看一集完整的动画片，然后立即合上书或关闭电视，让孩子给家长复述故事。为防止孩子只看梗概就走神，可灵活安排“复述”的内容。比如：家长可以提几个主要问题，让孩子把刚看过的故事内容画成一幅画或几幅连环画；还可以让孩子做编剧，一家人玩角色扮演游戏；等等。

（5）记忆游戏

画一些事物，并和孩子一起记住它们的顺序（从前往后、从后往前），然后拿走其中的一个或两个，开展“看看什么不见了”的游戏。还可以教孩子一些记忆窍门，如通过编趣味故事来快速识记事物，让孩子的注意力在有趣、形象的记忆游戏中得到锻炼。

第三阶段：实施阶段（21天）

按照计划，坚持对孩子的注意力进行训练，把取得的进步和成绩记录下来，并对孩子给予适当的表扬和奖励。

第一天：

第二天：

第三天：

第四天：

第五天：

第六天：

第七天：

第八天：

第九天：

第十天：

第十一天：

第十二天：

第十三天：

第十四天：

第十五天：

第十六天：

第十七天：

第十八天：

第十九天：

第二十天：

第二十一天：

第三课

图画书“美味又营养”

——培养孩子良好的阅读习惯

纵观古今中外，卓有成就的文学大师、科学巨匠、政治领袖等人物都是从小开始读书学习，徜徉在知识的海洋，为日后的功成名就奠定了坚实基础。例如，诗仙李白“五岁诵六甲，十岁观百家”；鲁迅5岁起博览群书，为日后的创作练就了过硬的“童子功”；周恩来5岁读书识字，6岁能背诵数百首唐诗，并开始阅读外祖父的丰富藏书；德国文学泰斗歌德，4岁的时候，父亲便开始教他读书学习，母亲爱好文学，一有空闲就给他讲故事……爱迪生说，读书对于智慧，就像体操对于身体一样。

早期阅读被称为“终身学习的基础，基础教育的灵魂”，是当前国内外非常关注的热点问题。研究表明，3~6岁是孩子阅读能力发展的关键期。在这个时期，孩子如果能养成“爱阅读、会阅读”的良好习惯，就能为一生的学习奠定良好的基础。

案例一

洋洋的爸爸妈妈经营着一家饭店，平常生意繁忙，无暇照顾孩子。爸爸妈妈每天回到家累得没有心思读书，只想看看电视，打打牌放松放松，所以他们从来也不要求孩子读这读那。一方面，他们觉得自己没读过多少书，根本不知道怎样教孩子读书识字。另一方面，他们认为女儿现在还小，等上了学，自然有老师教她怎样读书。由于父母有这样的想法，洋洋不上幼儿园的时候，大多数时间是在看电视和“疯玩”中度过的。别说在他们家里很难找到几本像样的书，就是有，洋洋也懒得去翻阅。她更喜欢把书当游戏道具，在空中抛来抛去。家里仅有的几本书，被她扔得东一本、西一本，而且每一本书都被涂得乱七八糟，撕得七零八落。

案例二

乐乐是跟洋洋年龄一般大的小男孩，生活却没洋洋轻松。他的爸爸妈妈都是初中毕业，艰辛的打工生活让他们深深体会到读书的重要性。所以儿子一出生，他们便不断地给儿子买各式各样的识字、益智类的图书，希望儿子从小能够喜欢学习，做一个知识渊博的人。可事与愿违，活泼可爱、爱说爱笑的乐乐，画画、唱歌、跟小朋友打闹样样在行，乐此不疲，看起电视来更是津津有味、目不转睛，唯独对看书不感兴趣。他每次拿起书来，翻几下就撂到一边儿去了。妈妈又找来另外一本书给他，小家伙看也不看就把书扔到一边儿，转身就去玩他的机器人了。眼看乐乐就要上小学了，爸爸妈妈特别着急，常常现身说法，训斥、告诫儿子：“少壮不读书，老大徒伤悲！”可乐乐却跟没事人一样，无动于衷。在多次教导无果的情况下，爸爸妈妈很失望，认为自己的孩子只知道玩，不喜欢读书，他们逢人便讲，儿子天生不是读书的料。

案例分析

通常我们把孩子去学校上学叫作去“读书”，所以有些家长像洋洋的爸爸妈妈一样，在家很少培养孩子的阅读习惯，孩子也就没有阅读的意识。当然，也有很多家长像案例中乐乐的爸爸妈妈一样，认为早期阅读很重要，为了让孩子将来能够学有所成，从小便着手让孩子去读书学习。可结果是，他们的孩子偏偏不喜欢读书！出现这种现象，首先必须肯定这不是遗传因素造成的，因为阅读习惯是后天形成的。下面让我们从孩子的生活环境入手，去寻找问题的症结所在。

一、家长忽视了早期阅读的重要性

有些家长像洋洋的爸爸妈妈一样，觉得孩子爱不爱读书，会不会读书“无所谓”，认为现在阅读对孩子来说还太早，阅读是孩子上学以后要由老师教的一项重要内容。所以，有的家长一曝十寒，患上了教育上的冷热病。心血来潮时，给孩子读一篇故事，劲头十足；忙于生计时，身不由己，哪里还有时间关心孩子读不读书。孩子年龄小，往往不会正确读书，常常边读边玩，在书上随意涂画。对于孩子身上发生的这些现象，有些家长漠不关心，他们觉得不必大惊小怪，等孩子长大懂事了就知道该怎么做了。“少成若天性，习惯如自然。”不良的阅读习惯一旦养成，改起来可就不是一件轻而易举的事情了。

二、家长不良的阅读示范

家长是孩子的第一任老师。现实生活中，孩子的穿着、举止、语气、神情都能找到家长的影子。经常有家长抱怨：“我家孩子爱看电视，小小年纪对扑克牌、麻将很熟，就是不喜欢看书。”其实，家长首先应该反思一下：您本人平时花在阅读上的时间有多少？家人如果像案例中洋洋的爸爸妈妈一样，平时从来不看书，或者很少看书，有空时就看电视、闲聊或打牌，家长没有养成良好的阅读习惯，孩子就很难知道阅读为何物，更无法体会到读书的乐趣，因此也就无从“爱上阅读”。

三、家长把幼儿的阅读任务化

幼儿的阅读与学校学生的阅读是不同的，其年龄和心理发展水平决定了他们有自己的阅读特点。对幼儿来说，书就是玩具，是用来玩的。他们看书是在一种游戏的心态下，自由自在、轻松愉快地随意翻动图书，欣赏书的外表与精美的图画。但对成人而言，书是用来读的。很多家长总是很功利地看待图书，过于强调读书的教育功能。他们总期望孩子正正经经地读书，以便认识更多字，掌握更多知识，提高认知水平……所以，每当孩子读完一个故事，家长就恨不得孩子立竿见影地掌握书中所有的内容，他们会迫不及待地检查追问：“这个字怎么读？”“这个故事说明什么道理呀？”“小狐狸为什么要这么做？”“母鸡是怎么回家的？”而这些往往并不是孩子所关心的，久而久之，孩子会感到阅读是一种负担、一件“不好玩的”苦差事，恐惧和抵触的情绪在孩子心里不断生长，使他们慢慢失去了阅读所带来的快乐。倘若阅读成为孩子身上的压力，那么即使是最有趣的书，都会变成孩子最不喜欢的“伙伴”。

四、选择的阅读内容片面化

不同年龄段的孩子会对不同类型的图书感兴趣，在6岁前认字不多的时候，图画书无疑是最佳的阅读启蒙资源。许多家长过于注重孩子的“学习”，虽然会不惜重金给孩子购买图书，却往往无视孩子自身的特点，一厢情愿地为孩子购买一些智力类书籍。尤其是不少大班幼儿的家长，把购置识字、数字类的图书放在首位，以为这样才是有价值的阅读。他们误认为识字数量多，就是阅读能力强，把阅读跟识字等同起来，特别青睐“字多图少”的书。有调查显示，同样价格的两本书，一本书字多，一本书图多，大多数的家长会买字多的那本，而实际上字多的书，很多孩子往往读不下去。连篇累牍的文字罗列，在幼儿的大脑中无法显示出对应的形象，大量的文字会堵住孩子理解的通道，使他们读起来云里雾里，不知所云，这样的阅读是不可能让孩子喜欢的。另外，有些家长即使给孩子选择图画书，也往往以自己的意志为主，孩子喜欢的幽默类图书，因其缺乏“教育意义”而被家长所不齿。这类家长为孩子购书的目的很明确，即把书视作开发孩子智力的一种工具，较少考虑孩子的兴趣和书籍所具备的娱乐性等特点。兴趣是最好的老师，孩子若是对书的内容不感兴趣，他又怎能读下去呢？

五、家长把阅读当作孩子自己的事

不少家长愿意花钱，却不愿意花时间，他们把书买回家后，便让孩子自己看，不懂得和孩子一起分享阅读的快乐。当孩子追着家长问书里的内容时，得到的往往是一个不耐烦的白眼，或是“一边去，自己看”的训导，这样做严重打击了孩子阅读的积极性。有些家长在被孩子“缠得没办法”时，就照着书念，声音机械呆板、平淡无奇，如同完成任务一样。时间一长，孩子就会感觉到爸爸妈妈不喜欢读书，读书不好玩，因此便慢慢失去了对阅读的兴趣。

六、家庭阅读环境欠佳，阅读时间安排不合理

在家庭环境的布置上，不是每个家庭都能有意识地或有条件为孩子

准备独立的书房、书柜和书桌。由于孩子没有专属于自己的阅读空间，因此他们大多数时候都不是在固定场所看书。虽然孩子拥有一定数量的图书，但往往是东放一本，西搁一册地随意摆放。在阅读时间的安排上缺乏合理性，也是一个不容忽视的问题。如果孩子正高兴地玩游戏、正津津有味地看动画片，或是孩子很累或很困时，家长却叫孩子去看书，孩子肯定不乐意，这对于培养孩子的阅读兴趣和阅读习惯都是十分不利的。

七、家长对孩子的阅读表现给予不恰当的评价

孩子的态度和行为直接受家长的影响，家长给孩子贴什么标签，他就会做出与标签一样的事情来，这在心理学上被称作“标签效应”。幼儿因为年龄的缘故，不可能意识到图书的重要性而主动自觉地去阅读。同时，在阅读过程中，由于他们注意力的特点，一般不能长时间地去读一本书。面对孩子“不喜欢”读书的表现，一些家长在批评孩子或与人谈论孩子时，经常不断重复着“孩子不爱读书，天生不是读书的料”的论断。这种做法的后果是，家长的预言变成了现实，孩子真的越来越不喜欢读书了。

了解孩子

您的孩子具有良好的阅读习惯吗？请按照下面的内容认真观察，看看孩子是否具有这样的行为习惯。符合孩子实际情况的答“是”，不符合的答“否”。回答“是”越多，说明孩子已经逐步养成了阅读习惯；回答“否”越多，说明需要加强对孩子阅读习惯的培养。

1. 喜欢阅读或至少不反感阅读。 是□ 否□

2. 爱惜图书，能够保持图书整洁完好。 是□ 否□

3. 图书存放有序，读完后能够放回原处。 是□ 否□

4. 有固定的阅读地点。 是□ 否□

5. 每周能够在安排好的一次或数次时间内进行阅读。 是□ 否□

6. 自己经常会主动拿书来读。 是□ 否□

7. 能够有序地翻阅图书，一本书能坚持阅读10分钟以上。 是□ 否□

8. 经常把阅读的内容讲给身边的人听。 是□ 否□

9. 阅读过程中不是一味地接受，能够提出问题。 是□ 否□

10. 喜欢阅读的内容丰富多彩，不单一。 是□ 否□

11. 经常与家长一起读书、讲故事。 是□ 否□

12. 经常要求家长带自己到书店、图书馆等地方买书、借书。 是□ 否□

建议

一、家长要重视早期阅读

书是知识的宝库。随着知识经济时代的来临，阅读对人的生存和发展的重要性日益显现出来。许多信息的获取，知识的掌握，往往都要从阅读开始。研究发现，3~8岁是奠定阅读能力的重要阶段，对孩子来说，通过早期阅读，可以扩大知识面，发展注意力、思维能力和想象力，锻炼观察力，丰富词汇，提高对语言的理解和运用能力……正所谓“开卷有益”。因此，家长要有意识地培养孩子良好的阅读习惯。

二、家长为孩子树立良好的阅读榜样

孩子善于模仿，尤其爱模仿家长的言谈举止。要想让孩子喜欢阅读，家长首先就要树立好的榜样，以自身的热情去感染孩子。要让孩子看见家长常常在认真地看书读报；有些内容，家长还可以主动邀请孩子和自己一起看，一起说。此外，家长还要有意识地引导孩子，让孩子感受到阅读的快乐。长此以往，阅读也就能成为孩子经常想要做的事情。

三、创设良好的阅读空间

当孩子置身于阅读资源丰富的环境中，便多了一些机会和阅读建立感情。在家里，家长可以和孩子一起布置一个漂亮、有趣、温馨、舒适的书房或专门的家庭阅读区，将图书、杂志等分门别类地放在孩子方便拿取的地方，便于随时阅读，并要经常和孩子一起进行整理。同时，还要不断更新和丰富阅读内容。周末，要经常抽时间带孩子到书店和图书馆看书、选书。总之，要让孩子尽可能多地接触书籍，潜移默化地体会到阅读的乐趣。

四、选择适合孩子阅读的图书

名目繁多、五花八门的幼儿图书，给人一种“眼花缭乱”的感觉，使置身其中的家长无所适从。衡量一种图书是否适合孩子，可以从两点入手。一是从形式上来说，要形象、有趣。虽然五六岁的孩子已经认识一些汉字，可以连猜带蒙地念出书中的文字，但即使这样，他们对文字过多的图书依然不感兴趣。所以，为他们选择的读物应当色彩柔和、图文并茂，画面要清晰，语言要浅显、生动、有趣、朗朗上口、易学易记。二是从内容上来说，要生活化、多样化。贴近孩子日常生活的题材和内容，易于引起孩子情感上的共鸣。同时，随着孩子生活经验的增长，理解能力的提高，选择的内容还应涉及多个方面，做到种类丰富。除童话类型的故事读物外，益智游戏、科学常识、科学小试验等科普图书，绘画、剪纸、涂色等艺术图书，都可以让孩子阅读。当然，家长要看到孩子的个体差异，选书时还要考虑孩子的个性、爱好、特长等。值得一提的是，阅读对学龄前儿童来说，首先是要获得爱与快乐，激发他们对万事万物的好奇心，其次才是借此途径汲取知识、了解世界。

五、帮助孩子养成良好的阅读习惯

具有良好阅读习惯的孩子，阅读品质也会更高。例如，读书时一心一意，保待安静；看完一本再拿一本，看完后放回原处；知道爱护图书，保持图书干净完整，发现有破损的地方，及时修补。此外，家长还要让孩子注意用眼卫生，看书时眼睛与书保持一定的距离，不在光线太强或太弱的地方看书，读书时身体坐端正。

六、亲子共读

“妈妈，给我讲这个故事。”孩子拿着书请求家长给他朗读，是人们再熟悉不过的生活画面了。孩子的年龄特点决定了他的阅读离不开成人的朗读、讲解，这是孩子学习阅读的一个必经阶段。家长需要帮助孩子从家长朗读、亲子共读，过渡到独立阅读。如果您的讲述抑扬顿挫、声情并茂，能让孩子听后仿佛身临其境，那么他一定会深深喜爱上图书。同时，书就像一条纽带，将孩子和家长紧紧地连在一起，让置身其中的每个人都能从中获得快乐。

除为孩子朗读及亲子共读外，家长可以通过以下几种方式为孩子搭建一个阅读展示平台，调动孩子进一步参与阅读的积极性。

1. 角色扮演

游戏是孩子最喜爱的活动。当孩子已经熟悉了书中的内容，家长和孩子可以分别扮演不同的角色来回味故事内容。例如，读《小马过河》这个故事时，可以全家齐上阵，每个人都绘声绘色地模仿角色所说的话，用自己设计的动作活灵活现地表演，以便让孩子在轻松、快乐的氛围中完成阅读活动。为了扮演好角色，孩子在听故事时会格外认真。这样的活动，不仅能有效激发孩子的阅读兴趣，而且极大地锻炼了孩子的注意力、观察力、语言表达能力和逻辑思维能力。

2. 想象阅读

当家长给孩子读完故事后，让孩子发挥想象力，说说如果自己是故事中的人物会怎么做，或者让孩子给故事续编下文。例如，在《龟兔赛跑》这个故事原型的基础上，家长可以提问："假如乌龟和兔子进行第二次赛跑，结果会怎样呢？"通过想象，续编故事，促使孩子从被动地听故事到主动地参与游戏，寓教于乐，既扩大了孩子的视野，又发展了孩子的想象力、创造力及语言表达能力。

3. 编创故事，自制图书

给孩子讲完故事后，可以启发孩子也来编创故事。家长可以和孩子一起查阅各种资料来丰富故事内容，并根据孩子的讲述用文字记录下来，让孩子为故事配上插图，最后将这些配有文字的图画装订成册，一本让孩子兴奋和喜悦的"图书"就大功告成了。编创故事，自制图书的过程，既能让孩子了解到书籍的基本组成部分，又让阅读真正成为了"悦读"。

大作业

为了使孩子养成良好的阅读习惯，从现在开始，请将您所做的努力记录下来吧！

第一阶段：了解早期阅读的重要性（2天）

第一天：家长通过查阅微信、杂志、图书，上网以及走访亲朋好友等方式，了解早期阅读的意义。

第二天：了解幼儿早期阅读的特点及内容。

第二阶段：布置阅读环境（3天）

第一天：准备好专门的书架，配备适合的桌椅和舒适的灯光，并用孩子的名字来给阅读区命名，如“××的读书乐园”，以激发孩子的阅读兴趣。请将阅读环境的布置情况记录下来。

第二天：分别选购和借阅一些自己和孩子喜欢的图书、杂志等读物，摆放在书架上方便孩子取放的位置。记录阅读读物的种类。

第三天：跟孩子协商，共同制订亲子阅读时间表（建议每次阅读20分钟左右）。

日期	亲子阅读时间
星期一	
星期二	
星期三	
星期四	
星期五	
星期六	
星期天	

第三阶段：家长和孩子在阅读区读书（14天）

1. 在商定的阅读时间内，家长和孩子一起来到阅读区，让孩子自己选择读物，家长来讲读，连续记录下孩子的态度和行为变化。

2. 在商定的阅读时间外，家长自己在阅读区读书并告知孩子，观察并记录孩子的反应。

3. 记录孩子自己到阅读区阅读的情况。

时间	阅读行为
第一天	
第二天	
第三天	
第四天	
第五天	
第六天	
第七天	

续表

时间	阅读行为
第八天	
第九天	
第十天	
第十一天	
第十二天	
第十三天	
第十四天	

第四阶段：和孩子一起编故事（5天）

1. 给孩子讲一个故事，当故事讲到一半时停下来，让孩子续编故事，然后表扬他。接下来，翻开故事书，看看书里的结尾是什么。记录孩子的表现和家长的表扬内容。

2. 和孩子一起编创一个故事情境，每人一段交替着完成一个故事的创作。记录亲子互动的过程。

第一天：

第二天：

第三天：

第四天：

第五天：

第五阶段：举办家庭阅读成果展（6天）

1. 全家总动员：把在书上读过的故事或自编的故事，通过角色扮演的方式表演出来，创造快乐的阅读氛围。

2. 家长和孩子分别为家人讲一个看过的故事，或介绍一种知识。

讲述结束后，听众要对讲述人给予掌声和感谢。

第一天：

第二天：

第三天：

第四天：

第五天：

第六天：

提示：以上第三、第四、第五阶段的方案可以穿插进行，以便家庭阅读活动更加生动、活泼，更具吸引力。总之，阅读习惯的形成，是一个长期的过程。只要坚持引导和练习，阅读就可以成为孩子的一种生活常态，并使孩子终身受益。

第四课

打破砂锅问到底

——保护和激发孩子的好奇心

3~6岁这个阶段是萌生和形成好奇心的重要时期。“这是什么？”“为什么会这样？”家长会发现，在这一时期孩子见到新奇的东西会一直盯着看，或者一直问这问那。好奇心是每个孩子的天性，作为家长，我们可不要小看孩子稚嫩的问题，这是他们探索新知的动力。爱因斯坦说：“我没有特别的才能，只有强烈的好奇心。永远保持好奇心的人是永远进步的人。”家长善于保护和激励孩子的好奇心，对开阔孩子的眼界、发掘孩子的智力潜能大有益处。

孩子在好奇心的推动下，会兴趣盎然地、有选择性地了解探究周围事物。这些探究行为，如果能得到不断的强化与满足，还会逐步内化为孩子良好的心理品质。家长应当呵护孩子的好奇心，创设满足孩子好奇心的环境条件，把孩子的好奇心引向积极的智力活动。

案例

铄铄是一个聪明伶俐的孩子，对任何事物都有强烈的好奇心。有一天，妈妈在厨房做饭，他在一旁不断地问：“大海的颜色为什么是蓝色的？”“地球是从哪里来的？”“螃蟹为什么会横着爬？”“太阳怎么掉不下来呢？”“闪电和打雷是怎么回事？”开始时，妈妈还很耐心地进行讲解，可厨房里只有不大的空间，儿子显得有些碍手碍脚，而且他的问题千奇百怪，有些问题妈妈也不知道该如何回答。后来，妈妈便不耐烦地说：“不知道！就你话多！别烦我了！自己回屋玩儿去！”铄铄很不情愿地被妈妈推出了厨房，百无聊赖地回到自己的房间。面对各式各样的玩具，他突然眼前一亮，从桌上拿起一个精致的玩具汽车，想拆开来看个究竟。于是，他从工具箱拿来锤子、改锥等，坐在地上开始拆卸小汽车的各个零部件。想起来容易，做起来难，真拆起来可让小家伙费了不少周折，有些零件还被动作不甚灵活的他摔得“粉身碎骨”，铄铄的小手也被改锥戳了好几下。尽管这样，他还是劲头十足，认真地东敲敲、西拧拧。最后，他终于看到了小汽车的“五脏六腑”，满头汗水的小脸上露出了可爱的笑容。

可是，接下来问题出现了，怎么让这些散落一地的小零件再组装到一起呢？这可难坏了铄铄。正当他想方设法琢磨如何让小汽车恢复原状时，妈妈推门进来喊他吃饭。当妈妈看到被“肢解”的玩具时，一下子就火了，揪起孩子冲着他的屁股“啪、啪”就是两大巴掌。“你怎么这么调皮！这可是爸爸送你的生日礼物！刚买来没几天，你就把它拆了，看爸爸回来怎么收拾你！以后再也不给你买什么玩具了！”铄铄没有哭，也没有辩解，只是很委屈地抬头看着妈妈因生气而变得有点儿可怕的脸，好像在说：“妈妈，我只是想知道小汽车里面是什么样的，难道错了吗？以后我不敢这样了，要不你又该打我了！我也得不到想要的玩具了！”

案例分析

好奇是人的天性，是探索知识奥秘的动力。好奇心愈强，想象力愈丰富，创造性就愈高。孩子的好奇心和对事物的探索精神远胜于成人。然而，在现实生活中，许多家长如同案例中铄铄的妈妈一样，并不能正确地对待孩子的好奇心，以至于孩子刚刚萌发的好奇心就被扼杀在摇篮里，创造性潜能也随之泯灭。家长的不当做法主要表现在以下几方面。

一、不重视孩子提出的问题

由于知识、经验的局限，孩子们常常像案例中的小男孩一样提出一些“科技含量很高”的问题，让家长不知如何作答，如“为什么电视机会播放出图像和声音？”“为什么飞机能飞上天？”有时，孩子也可能提出一些令人捧腹大笑或瞠目结舌的“傻问题”，如“为什么月亮晚上不睡觉？”“我长大了能不能和妈妈结婚？”面对孩子五花八门的问题和喜欢打破砂锅问到底的劲头，家长常常因为事务繁忙而不置可否，抑或取笑、敷衍，甚至不耐烦地斥责孩子。“问个没完，就你话多！”“以后再说！”“真讨厌，没看我正做饭呢，自己想去！”“笨蛋，怎么连这也不懂啊！”为了躲避家长的“枪口”，孩子再也不敢轻易发问，即使有疑问，也不再去认真执着地探究，而是让它自生自灭了。孩子的好奇心就这样在家长的漠视和训斥中慢慢地被催毁了。

二、误读孩子的“顽皮行为”

好奇心强的孩子，常常是好动的孩子。他们会做出很多让家长不满的事情，例如拆卸物品，把一些小棍子、小石子等“破烂”当宝贝似的捡回家等。这些在生活中经常发生的小事，正是孩子好奇心的表现。把玩具汽车拆开，是因为孩子想知道汽车里面是什么样子，是什么让汽车转动的。这一过程能让孩子学习独立思考和探究，对孩子的心智发展非常有益。家长如果轻率地将孩子的行为定性为“搞破坏”

或“不懂事”，而加以批评、痛斥，甚至是打骂与严加看管，孩子最后可能会捧着完整如初的玩具，但丢失的却是探索未知世界的好奇心和进取心。

三、给孩子过多的限制

孩子对外界事物充满了好奇心，什么都想摸一摸、试一试。有的家长极其注重清洁卫生，家里各处一尘不染；有的家长担心孩子受伤，所以为了防止发生危险以及给自己减少麻烦，就严格限制孩子的活动，这不许拿、那不准动，给孩子的生活规定了诸多“禁令”。这样做，束缚的不仅是孩子的身体，更重要的是禁锢了孩子的思维。年幼的孩子或许因此变得规规矩矩、乖巧听话，但与此同时，他们也失去了弥足珍贵的好奇心和求知欲，这对孩子的发展显然不利。

四、成人包办代替，束缚了孩子的好奇心

每当孩子问“为什么”时，您是不是会迫不及待地给出标准答案；当孩子尝试自己做事时，您是不是常嫌孩子速度慢，动作笨拙，一开始就手把手地指导，以至于最后干脆自己替孩子完成；对于孩子异想天开的想法和做法，您是不是教导孩子不要胡思乱想，要尊重事实……如果您的答案都是肯定的，那就意味着您剥夺了孩子探究新奇的机会，让他们直接吃到了现成的“馒头”，因而无法体验自己发现各种“奥秘”的乐趣。在您孩子身上，您会不难发现依赖性和惰性与日俱增，孩子懒于动手动脑，不愿独立思考，因为所有的事情都不用孩子自己去想、自己去做。长此以往，会削弱孩子的求知欲，使孩子失去探索周围事物的兴趣。

五、日常生活单调乏味，不利于激发孩子的好奇心

好奇心并非无源之水、无本之木，丰富多样的环境是激发和培养好奇心的必要条件。然而，在现实生活中，许多家长忙于工作，往往早出晚归，无暇陪伴孩子，节假日时，他们也把主要精力放在休息或操持家务上。在家里，电视、手机等电子产品成了孩子的主要玩伴，这种单调、枯燥的生活环境，抑制了孩子好奇心的正常发展。

了解孩子

下面的内容，列举出了孩子各种好奇心的表现。家长可以对照观察自己的孩子，符合情况得越多，说明孩子好奇心越旺盛。想一想，您平时对孩子的好奇心是不是给予了很好的呵护与合理的引导。

1. 对环境敏感，经常观察身边的事物并提出自己的疑问和看法。 是□ 否□
2. 有旺盛的求知欲，喜欢刨根问底。 是□ 否□
3. 虽然浅尝辄止，但兴趣广泛多样。 是□ 否□
4. 在倾听、观察或做事时，精神高度集中，经常听不见别人说话或忘了吃饭等。 是□ 否□
5. 精力充沛，思维活跃，不断尝试各种活动。 是□ 否□
6. 思维灵活，富于幻想，甚至想入非非，脑子总不闲着。 是□ 否□
7. 爱别出心裁，做一些小实验、小制作，来检验自己的某种想法（如，用面粉加颜料来做橡皮泥）。 是□ 否□
8. 有过自己动手拆卸物品的经历。 是□ 否□

9. 喜欢收集某种东西。 是☐ 否☐

10. 独立意识很强，做事不喜欢家长越俎代庖。 是☐ 否☐

建议

每个孩子都对身边的世界充满好奇。作为家长，最重要的是发现这份宝贵的好奇心，并合理地保护与培养，让好奇心成为孩子成长的原动力。要做到这一点，日常生活中家长需要注意以下几个方面。

一、认真倾听孩子提出的问题

看似幼稚、好笑的问题恰恰却是孩子认识世界的起点。对此，家长要给予足够的尊重和重视。当孩子提问时，要放下手头的事情，做出注意倾听孩子说话的姿态：弯下腰，目光注视孩子的眼睛，用点头和微笑鼓励他，并且用语言表达对他的问题的兴趣。家长要学会对孩子说这样一句话："我真喜欢你爱提问题！这说明你是一个爱思考的孩子。"家长的支持和鼓励，会让孩子兴趣盎然，始终对周边的一切事物保持着强烈的好奇心。

二、启发孩子自己探索问题的答案

对于"这叫什么""那是什么"一类的问题，家长可以直接回答孩子。当孩子渐渐长大，有了一定的知识后，对于他的一些问题，即使家长知道答案，也不必急着告诉他，可以启发、引导孩子自己去观察思考、寻找答案。虽然孩子找到的答案可能会不正确，但那也是他自己动脑筋思考的结果。当然，孩子的问题千奇百怪，家长不是百科全书，不可能事事都知道。在这种情况下，家长不要“不懂装懂”，信口开河地去哄骗孩子。此时，可以和孩子一起查阅相关书籍和网络资料，或者请教他人，寻找答案。这样做既解决了问题，又能让孩子从小知道如何通过多种方式获取知识。

三、允许孩子“异想天开”

爱迪生小时候把鸡蛋放在屁股下想孵出小鸡，自己做化学实验导致起火，因顽皮被学校开除……这一系列非常规的做法，却得到了他母亲的尊重和宽容，这使他能够不断创造、乐于创造。所以，家长面对孩子拆卸玩具等“顽劣”之举时，不必担心孩子犯这些带有学习和体验性质的错误，只需要给孩子说明贵重的物品不能损坏、危险的事情不能做等基本要求，便可以放手让孩子去探索。家长应允许孩子在轻松的氛围中，充分利用手边的工具，自己观察，自己动手做实验和制作玩具。

四、创设情境，激发孩子的好奇心

对于孩子来说，日常生活环境中到处蕴含着可供探索的资源：种满花草的阳台，客厅一角还没有卖掉的包装箱，新买的摇椅，雨后地面上的积水，房前的一堆沙土。随便哪处情境，都可能引发孩子的好奇心。利用节假日带孩子去看电影、逛游乐园、参观动物园和博物馆，可以有效增长孩子的见识，使其认识到周围世界之博大。家长要做的就是消除环境中的不安全因素，确保孩子在探索发现的过程中，不受任何伤害并且适时地给他们提出问题，激发他们的好奇心和求知欲。

大作业

好奇是孩子的天性，孩子的好奇心从小就不断地流露出来，表现在日常生活的点点滴滴中。为了保护和激发孩子的好奇心，作为家长，我们要做一个善于观察的人，及时发现并满足孩子的心理需求。

第一阶段：观察与反思（5天）

1. 家长坐在一起讨论孩子平时的言行举止，把跟好奇心相关的表现记录下来。

2. 对照孩子的行为，将家长自己的表现记录下来。

3. 家长共同分析自己的相关表现是否正确，明确今后的努力方向。

第一天：

第二天：

第三天：

第四天：

第五天：

第二阶段：满足孩子的好奇心（10天）

1. 观察孩子，找到孩子感兴趣的事物并记录下来。

2. 和孩子一起做。对于孩子想了解的事物，帮助孩子弄明白。如：一起查阅资料，一起拆卸、组装玩具等。把你们的经历和感受记录下来。

第一天：

第二天：

第三天：

第四天：

第五天：

第六天：

第七天：

第八天：

第九天：

第十天：

第三阶段：激发孩子的好奇心（15天）

1. 创设一些问题情境，引导孩子思考。如，“小鸟没有牙齿，它怎么吃东西？”和孩子一同找到答案。

2. 带孩子到户外，引导孩子感受大自然，玩沙、戏水、观察动植物等，记录下快乐之旅的活动内容。

3. 建立一个小型的展览角。利用箱子、架子或房间的一个角落，专门存放孩子平时收集的小石头、树叶、掉落的果实等物品。和孩子一起分门别类地将收集品摆放起来，并用标签加以说明。

4. 利用收集的物品和孩子一起玩创意游戏。例如，把捡来的石头洗干净，用画笔在石头上任意涂抹，画出心目中最美丽的石头图案；用废旧的挂历制成册子，把孩子收集的树叶等粘在上面，标注名称，比较异同，激起孩子的好奇心。请将你们的快乐经历记录下来。

第一天：

第二天：

第三天：

第四天：

第五天：

第六天：

第七天：

第八天：

第九天：

第十天：

第十一天：

第十二天：

第十三天：

第十四天：

第十五天：

第五课

风雨过后是彩虹

——培养孩子的挫折承受能力

在人生的旅途中，并非到处都是鲜花与掌声。一帆风顺，事事如意，只是人们美好的祝福和期盼，挫折和失败是人生成长的必经之路。有一首歌唱道：“不经历风雨，怎能见彩虹，没有人能随随便便成功。”面对挫折与失败，敢于重整旗鼓，奋起再战，离不开强大的挫折承受能力。

一只木桶盛水的多少，并不取决于桶壁上最高的木块，而恰恰取决于桶壁上最短的那块。作为家长，在关注、培养孩子的学习能力、人际交往能力等方面的同时，也要重视孩子挫折承受能力的培养和提升。实践出真知，根据孩子的身心发展特点和自身实际情况，家长可以创设和利用某些情境，有意识地让孩子直面挫折和失败，帮助孩子通过解决问题，逐渐增强挫折承受能力。

案例

文文是一个5岁半的小姑娘。她可是家里的掌上明珠，尤其是一块儿生活的姥姥、姥爷对文文更是宠爱有加，几乎什么事情都会依着她。比如，文文喜欢芭比娃娃，几乎每次去商场看到都要买，大人要是不买，她就赖在那里哭哭啼啼地不走。每每看到满是泪花的小脸，老人都会不忍，担心孩子上火，哭坏了身子，最后还是买了下来。文文从小没有听过一句重话，一旦有人对她严厉说话，她就会受不了，觉得很委屈，嘴巴一撇就会哭起来。时间长了，文文也抓住了大人的要害，越来越任性，稍不顺心便使出大哭大叫的

"法宝"。

一天，像往常一样，文文的妈妈来到幼儿园接她回家。可妈妈一进班，文文便满腹委屈地扑到妈妈怀里放声大哭。她也不说为什么，搞得妈妈莫名其妙。这时，老师走了过来，告诉文文妈妈：六一儿童节快到了，文文学习舞蹈的速度比别的小朋友稍慢一些，因为排练时间紧，所以刚才宣布这次她不能代表班级参加六一演出了。听到这些，妈妈转过身冲着文文说道："芝麻大点儿的事儿，别哭了！你都上大班了！"旁边，小静的爸爸附和着说了一句："就是，别哭了！你看我们家静静，也没选上，可她跟没事儿人一样！"

从幼儿园出来，文文妈妈和小静爸爸聊起了孩子。文文妈无奈地抱怨道："我们家文文争强好胜，做什么事都只能赢不能输。平时和她一起玩游戏，她赢了就特高兴，要是输了，就会很不开心，甚至抹眼泪，哭闹着非要再来，直到赢了为止。"小静的爸爸却无不羡慕地说："这多好啊！她不服输的性格，等以后上了小学肯定对学习有用。"可面对女儿"输不起"的性格，文文妈妈心中却产生担忧，不知如何是好。

案例分析

俗话说，人生不如意十之八九。然而，如今的孩子很多都像案例中的文文一样，遇到生活中的困难和挫折，不知道如何应对。究其原因，主要有下面几个方面。

一、家长过分溺爱，剥夺了孩子直面挫折的机会

随着社会经济的发展，如今孩子的生活条件越来越优越，可谓集万千宠爱于一身。很多孩子过着衣来伸手，饭来张口，一呼百应，要啥有啥的生活。生活中很多家长会尽量避免让孩子受挫，当他们预见到孩子可能遇到困难时，总是自己挺身而出，为孩子扫除障碍。比如，孩子摔倒了，妈妈马上冲过去，扶起孩子，不停地说："宝贝，别哭，别哭！摔着没有？"有的还直跺脚："都怨地不好，让宝贝摔倒了。妈妈打它，宝宝乖！"孩子哭一声或有一点儿的不高兴，都会惹得全家人坐卧不宁。这样的情景很多人都不陌生，家长为孩子撑起了一把"保护伞"，事事越俎代庖，迫不及待地替孩子解决生活中各种各样的小困难。孩子因此失去了体验困难，独自应对挫折的机会，也学会了把责任推到别人身上，甚至觉得错误都是别人的，自己永远是对的。任性、脆弱、自理能力差，从小不知道苦和难是什么滋味的"小皇帝""小公主"，他们的需求一旦受阻，幼小的心灵便不堪打击，痛苦难耐，茫然不知所措。

二、家长不恰当的表扬和期望，助长了孩子"输不起"的心理

从儿童心理学的角度来讲，孩子"输不起"是一种正常现象。无论做什么事情，孩子总是希望自己比别人强，以获得周围人的认可。可是，生活中有些家长盲目地迎合孩子的这种心态，一味地赞美这也好，那也好，"你是最棒的"，孩子很少被批评。习惯了被夸奖和表扬的孩子，往往受不了别人的批评，容易形成争强好胜、追求完美的性格。他们总要争"第一"，不允许自己有失败，不允许别人超过自己。同时，有的家长望子成龙心切，要求孩子样样全能，争做"人上人"，却忽略了"人外有人"的现实。这类孩子一旦不如别人时，"输不起"的心理

便使他们很难受。有的孩子还会因为“输不起”，怕失败，干脆选择逃避或放弃。例如下棋，有的孩子根本不和比自己水平高的人玩；有的孩子和别人下棋时，感觉自己快要输了，就把棋子一推，不玩了。这些现象都是孩子不敢面对困难和挫折的表现。

三、家长不恰当的批评，挫伤孩子面对挫折的勇气

古人云：“过也，人皆见之。”试想谁能无过，更何况是成长中的孩子。与上面的家长不同，有些家长刚好相反，他们对孩子的期望值过高，各方面以近乎完美的标准要求孩子，并习惯了紧盯着孩子的缺点和不足不放。孩子每天在批评、训斥，甚至打骂中度过。“这么简单还做不了！”“怎么做什么都笨手笨脚的！”在孩子的内心，“我不行”、“我不是好孩子”的种子过早地落地生根，小小年纪就开始从行为上对“破罐子破摔”进行最生动的诠释。面对挫折，他们无动于衷，或者知难而退。

四、家长消极地应对挫折，不利于孩子挫折承受能力的培养

在孩子眼里，家长非常强大，无所不能。家长在困难和挫折面前表现出来的态度，对孩子的影响非常大。下岗失业、经济拮据、人际交往不顺、身患疾病、婚姻破裂、失去亲人等，生活中大大小小的困难和挫折不断地考验着社会中的每个人。有的家长面对这些，被伤感、焦虑和烦躁的情绪所笼罩，不是客观地分析主客观原因，而是一味地怨天尤人，甚至一蹶不振，结果陷入恶性循环。而家长消极应对挫折的表现，却在潜移默化地影响着孩子。孩子模仿力极强，由于年幼，缺乏辨别是非的能力，所以他就好比一台摄像机，对家长的一切照单全收。于是，在孩子应对挫折的时候，不难发现其家长的影子：抱怨、退缩、逃避……

五、孩子的身心特点制约其挫折承受能力的发展

儿童的身心发展存在个体差异。在生理方面，有的孩子体质较差、体弱多病；有的孩子在身体耐力、动作灵活性和协调性方面与同龄人相差悬殊；有的孩子身体过于瘦小或肥胖。与发育正常、身体健康、体质好的孩子相比，身体发育欠佳的孩子更容易体验到挫折，且挫折承受能力一般也不强。在心理方面，由于每个孩子的个性不同，因此对待挫折和失败的敏感度也会不一样。如果一个孩子喜欢争强好胜，感情脆弱，缺乏韧性和毅力，其挫折承受能力相对也会较差。

☆ 了解孩子

您的孩子是否具有一定的挫折承受能力呢？请根据实际情况，对下面的题目做出判断。如果您选择“是”的题目居多，说明您在培养孩子应对挫折方面还存在问题，需要想办法进行改进，以促进孩子茁壮成长。

1. 与同龄人相比，在生活自理方面，如穿衣、吃饭、收拾玩具等能力较差。　是□　否□
2. 通常在不太严重的摔跤、磕着碰着时，总爱哭哭啼啼。　是□　否□
3. 和小朋友一起做游戏发生矛盾时，常躲在一边生气或干脆自己玩。　是□　否□
4. 一遇到困难，比如拼图拼不成，马上请家长帮忙解决。　是□　否□

5. 想要的玩具、衣服等如果得不到，会大发脾气。 是□ 否□

6. 凡事都得拿第一，如果落后于别人，便伤心难过，甚至大哭大闹。 是□ 否□

7. 胆子小，怕受伤，不喜欢尝试像轮滑一类具有一定挑战性的活动。 是□ 否□

8. 不合群，经常一个人玩。 是□ 否□

9. 对挨批评、事情做不好等满不在乎。 是□ 否□

10. 不具备应对火灾、地震等突发事件的自我保护常识。 是□ 否□

建议

作为家长，谁都不希望孩子遭受挫折，但是挫折在一个人的学习、生活中是不可避免的。为此，必须从小培养孩子应对挫折的能力，防患于未然，让孩子在遇到挫折时，能够从容镇定、直面困难、不屈不挠。家庭中的挫折教育，可以从以下几个方面着手。

一、家长要正确认识挫折的两面性

挫折未必总是坏事，它犹如一把双刃剑，是否对人有利，关键在于人对它的态度。对年幼的孩子而言，挫折会让他们原本快乐的童年生活多了一份痛苦和紧张。但如果家长引导得当，这份体验却能够丰富孩子的阅历，磨炼他们的意志，提高他们应对挫折的能力和信心。家长应该意识到，挫折无处不在，我们不可能时时处处满足孩子所有的需求。因此，在培养孩子时，应增强其挫折承受能力，让其经历独自面对生活的考验。

二、丰富孩子的知识和经验，提高其抵御挫折的能力

由于孩子的生理发育还不成熟，他们对一些事物的了解和认识还很肤浅，他们常常做自己想做的事，但做完后却发现做得并不成功。五六岁的孩子遇到的困难和挫折，大多是日常生活中的“小事”，诸如跑得慢、动作学不好、鞋带系不上等，这些困难和挫折依靠孩子自己的学习和努力是能够克服的。为此，家长不能什么事情都包办代替，而要放开手脚，指导孩子去做一些自己能做的事。同时，还要未雨绸缪，教给孩子一些生活常识。例如，遇到流鼻血、眼睛进沙子、公共场所与家长失散、火灾等情况，该如何正确应对。

三、教会孩子正确对待成功和失败

家长对孩子进行表扬和批评时，要合情合理，且对事不对人。当孩子表现突出，家长和孩子分享喜悦时，要帮助孩子分析自己的优势在哪里，以便下次继续“扬长”；当孩子表现不佳时，要抛弃过多的指责和训斥，给孩子一个温暖的拥抱，用鼓励、宽容、耐心和孩子一起寻找原因和改进方法。这样能让孩子明白：困难和失败是不可避免的，人人都会遇到，它们并不可怕，下次努力“避短”，之后成功的果实将更加甜美。生活中的一次次小磨难，能让孩子学会积极面对，不轻言放弃，并领悟到失败和成功一样有价值，渐渐做到“胜不骄，败不馁”。

四、主动创设挫折情境，提高孩子的挫折承受能力

家长可以在孩子的日常生活和活动中，有意识地主动创设一些挫折情境，让孩子通过亲身经历来学习如何应对挫折，增强其挫折承受能力。例如，适当地拒绝或延迟满足孩子的某些需要；在表扬孩子的同时，适当地给予批评和惩罚；带领孩子徒步爬山、参加劳动，经受抗疲

劳、忍饥挨饿等训练；提出难题让孩子自行解决，开展“吃苦耐劳”竞赛游戏等。与那些故意给孩子找苦吃的做法相比，如到农村过几天苦日子，挫折教育更强调把培养孩子的挫折承受能力渗透在日常生活的点点滴滴之中，以便让孩子形成受益终身的抗挫能力。

当然，这些“负面刺激”，必须注意适度和适量。也就是说，为孩子设置的挑战，必须既能引起孩子的挫折感，又能通过努力可以战胜。同时，一次给孩子的困难和考验也不能太多。过度的挫折会损伤孩子的自信心和积极性，严重的甚至产生恐惧感，有损孩子的身心健康。

五、用“同理心”面对孩子，教会孩子合理宣泄

孩子所面临的困难和挫折在成人面前也许不值一提，但对于孩子却是莫大的挑战。家长对此切忌嘲笑和不屑一顾，要学会站在孩子的角度看问题，给予孩子情感上的关注与支持。挫折情境下孩子的情绪和行为反应各不相同。家长要充分地了解孩子受挫的过程和感受，给予孩子鼓励和安慰，帮助孩子分析遭受挫折的主客观原因，并进一步寻求解决问题的方法。与此同时，要引导孩子正视挫折所带来的焦虑、冷漠、嫉妒等消极情绪，并进行合理的宣泄，比如哭泣、倾诉、运动等。此外，还要让孩子知道，宣泄情绪时不要伤害自己和他人。

六、利用榜样的作用，增强孩子的挫折承受能力

孩子年龄小，凡事喜欢模仿。因此，家长可以经常给孩子讲述勇于战胜挫折的榜样人物，以加深孩子对困难和挫折的认识，调动他们战胜困难和挫折的勇气和毅力。挫折教育的榜样人物和案例，既可以是家长和身边小伙伴的亲身经历，也可以是古今中外历经挫折、不畏艰险而成功的名人故事。当然，孩子们喜欢的动画片里的哪吒、孙悟空等形象，

也是不错的选择。榜样的力量润物无声，它会潜移默化地转化为孩子自我成长的动力。

七、要多为孩子创造与同伴交往的机会

现今的人们大多生活在钢筋水泥架构的空间里，很多孩子都缺乏与同龄人交往的经验。因此，家长应主动引导孩子与小伙伴玩耍。在这种平等的交往中，不仅有欢乐的嬉戏，还有彼此的争吵和打闹。后者能让孩子经历、感受挫折，更好地认识自己和他人，学习如何与人友好相处，如何合作克服困难、解决问题，在这一过程中，抵御挫折的能力也得到了锻炼和提升。

大作业

为了让孩子能够独当一面，从现在开始着手开展与挫折面对面的家庭培养计划吧。下面是一些增强孩子挫折承受能力的活动，请将它们贯穿在今后的日常生活中，并将孩子的表现记录下来。

第一阶段：观察、总结孩子对待挫折的表现并分析原因（5天）

1. 做得好的方面。

2. 存在的不足。

第一天：……………………………………

……………………………………

第二天：

第三天：

第四天：

第五天：

第二阶段：制订“挫折教育”家庭活动内容（3天）

根据孩子挫折承受能力的具体情况，从日常生活入手设计各种活动。让孩子体验挫折，磨炼意志，不断提高挫折承受能力。请将您设计的活动及其目的记录下来。

第一天：

第二天：

第三天：

您可以参考下面的活动进行思考，并设计挫折教育的具体内容和形式。

1. 我的事情我做主

该活动主要针对由于生活自理能力差而经常遇到挫折的孩子。请分析孩子在这方面存在的问题，并记录你们的改进方法。可利用比赛、游戏等孩子喜欢的方式。孩子有待提高的生活自理能力有：

2. 我们一起做游戏

该活动主要是在家里和孩子一起下棋、打扑克，以及做各种自创的对抗性亲子游戏。通过比赛，让孩子直面挫折，正确看待输赢。您家类似的亲子游戏有：

3. 体验社会生活中遇到的挫折

亲子共同参与社会生活，让孩子感受学轮滑、去远足、排队购物等活动所带来的挫折感，并引导其合理应对。具体形式可以根据自己家的实际情况而定。备选的户外活动有：

4. 我该怎么办？

该活动主要是和孩子一起讨论停电、着火、陌生人敲门、走丢等突发事件发生时，应该怎么做，教给孩子应对这类事件的处理方法。当然，讨论的结果还可以借助角色表演的方式，来进一步加深孩子的印象。您希望孩子了解的相关常识有：

5. 我和我的小伙伴

该活动主要是通过让孩子与同伴交往，学习如何应对挫折。家长可以带孩子出去，或邀请小朋友来家里玩。当孩子之间发生争执时，家长不要第一时间出来做“和事佬”，要让孩子自己想办法解决问题。

6. 你的烦恼我来听

该活动主要是让孩子遇到挫折后，学会合理宣泄。家长可以挑选一些自己工作和生活中的烦恼跟孩子说一说，让孩子帮忙出主意，以此引导孩子学会倾诉和寻求帮助。

7. 其他

发挥您的聪明才智，创造机会来增强孩子的挫折承受能力吧！您自主设计的活动还有：

第三阶段：将设计内容付诸实施（21天）

接下来的时间，根据具体情况有选择地开展上述活动，并把孩子的表现和收获记录下来，感受孩子的进步。

第一天：

第二天：

第三天：

第四天：

第五天：

第六天：

第七天：

第八天：

第九天：

第十天：

第十一天：

第十二天：

第十三天：

第十四天：

第十五天：

第十六天：

第十七天：

第十八天：

第十九天：

第二十天：

第二十一天：

第四阶段：总结近期家庭开展挫折教育的成果，并找到今后努力的方向（2天）

第一天：

第二天：

第六课

我是环保小卫士

——培养孩子的环保意识

当今世界，环境保护日益成为人们关注的热点问题。环境保护关系到我们的生存和发展，培养孩子的环保意识是时代发展的要求，具有深远而重大的意义。

没有环保意识的孩子，扔垃圾，踩草坪，折花枝，随心所欲；讲排场，比阔气，铺张浪费；捕鸟兽，吃野味，不管不顾……在成长中我行我素，渐渐地会影响自身的形象，不受身边同学、朋友的喜爱。而具有环保意识的孩子，初步了解人与自然环境的关系，懂得保护环境就是保护人类自己，并能自觉践行环保于日常生活中。更为重要的是，环保意识和环保习惯会潜移默化地塑造孩子良好的个性特质：有爱心、有担当、珍爱生命、懂得感恩等。可谓，美在环境，育在心灵。

幼儿期是人生经验积累、价值观形成和行为习惯养成的关键时期，让成长与环保同行，培养孩子良好的环保意识与环保习惯，是培养和提升孩子综合素质不可或缺的重要内容。

案例

一个星期六的晚上，蒙蒙小朋友所在的小区突然停电了，妈妈就领着她去外面的超市买蜡烛。楼道里很黑，可是手电筒怎么也不亮。妈妈打开手电筒后盖一摸，两节电池都流水了，看来是电池没电了。妈妈随手把两节废电池扔到了楼道的一个角落里。这时，蒙蒙一边告诉妈妈“我们幼儿园老师说，不能随地扔垃圾”，一边撒开妈妈的手，弯腰去找被丢掉的电池。妈妈焦急地说：“快别找了，电池流出的水有毒，对身体不好。再说，不就两节电池嘛，天这么黑，快走吧！”于是，妈妈拽着女儿走出了楼道。

到了超市，除了买蜡烛，妈妈还买了一些日用品。本来家里的水彩笔还八成新，但是蒙蒙也凑热闹非要再买一盒新的。妈妈懒得跟孩子理论，痛快地把水彩笔扔进了购物车。付款时，妈妈特意让服务员多给拿几个塑料袋，这样就可以把买的东西挂在两边车把上。回到家，已经来电了，由于出门前电灯、电视都没关，所以它们早就开始“工作”了。蒙蒙接过妈妈递过来的一沓复印纸，高兴地趴在桌子上用新水彩笔画了起来。可有几张纸上的画，蒙蒙刚画几笔就觉得不好看，于是，她把这几张纸揉成一团扔在了一边。这时在一旁收拾东西的妈妈，过来把这些纸团连同刚才装东西的塑料袋一起塞进了垃圾桶。

案例分析

自然环境是人类赖以生存和活动的场所，但是人类对自然环境的破坏却达到了惊人的程度。土地荒漠化、水土流失、温室效应、空气污染等，都是我们要重视的环境问题。保护环境，人人有责，孩子是未来的主人，从小培养他们良好的环保意识和环保行为是非常重要的。可令人痛心的是，一些孩子小小年纪却不知道爱护环境。究其原因，主要有以下几个方面。

一、家长缺乏环保意识

由于孩子年龄小，生活经验有限，对环保的认识完全来自周围的成年人，尤其是家长一言一行的影响。就像案例中蒙蒙小朋友的妈妈一样，有些家长自身环保意识淡薄，日常生活中经常乱扔垃圾、大量使用塑料袋、浪费纸张等。家长缺乏环保意识的行为表现，使得与之朝夕相处的孩子，在潜移默化中学到类似的行为，孩子习以为常，对自己破坏环境的行为浑然不知。

二、环保意识与环保行为脱节

有的家长跟蒙蒙的妈妈不一样，他们已经意识到环境保护的重要性，但是他们当中很多人却认为环保是国家的事，是别人的事，跟自己无关，而且凭一己之力也无法做好环境保护这样的“大事”。他们经常我行我素，踩踏草坪、随便摘花、随地吐口香糖、铺张浪费、捕蛇猎鸟……虽然他们也告诉孩子节约用水用电、爱护动物等，但最后却演变成一种口头的形式教育。当孩子出现“知”和“行”脱节，做出“嘴上说爱青蛙，嘴里又吃青蛙”等与环保相悖的事情时，这类家长也会视而不见。

三、忽视从细节入手，践行环保理念

在蒙蒙妈妈的眼中，两节电池、几毛钱的塑料袋、几张纸，这些都是不起眼、不值钱的小东西，根本不用放在心上。一些家长跟蒙蒙妈妈的想法一样，在环境保护方面忽视了细节的重要性。例如，有的家长贪图方便和省事，洗脸刷牙、解冻海鲜、冲洗蔬菜的时候常常不关水龙头，任水一直哗哗地流着。这样做每分钟大约会有3升水流进下水道。如此算来，一个三口之家，每天每人刷牙5分钟，将浪费45升水。再比如电视、电脑等电器，在无人使用的情况下，很多家庭让它们长时间处于待机甚至开机状态，忽视了电器不拔插头，即使不使用也会耗电的事实。研究表明，每台家电在待机状态下，每小时耗电一般为其开机功率的10%左右。一个家庭拥有的电视、空调、电脑、微波炉等电器的待机能耗如果加在一起，相当于每天都在使用一只30~50瓦的长明灯。全国人民，如果家家如此，那将是一个多么惊人的数字！正是因为一些家长在环保问题上的“不拘小节”，把孩子慢慢地“培养”成了破坏环境的“小能手”，让资源从我们的指缝间悄无声息地流失掉了。

四、家园教育不一致

《3-6岁儿童学习与发展指南》明确指出，要让幼儿“初步了解人们的生活与自然环境的密切关系，知道尊重和珍惜生命，保护环境”。因此，环保教育是幼儿园教育的一个重要组成部分。平时，教师会在日常教学活动中开展相关教育，例如，让家长帮助孩子一起搜集废旧物品，然后带到幼儿园制作玩具，这就是幼儿教师经常采用的一种环保教育方法。但是，一些家长，就像蒙蒙妈妈一样，在孩子转述老师让他们不要乱扔垃圾时，会告诉孩子废旧物品不卫生、不美观、没什么用途等。这种与幼儿园教育相违背的做法，会导致孩子在环保方面的成长功亏一篑。

了解孩子

您的孩子具有环保意识吗？请根据下面的题目内容，对比日常生活中孩子的行为表现作出回答。如果多数回答为“是”，表明您的家庭已经在为环保事业添砖加瓦，尽了一份自己的力量；相反，如果多数内容孩子尚未做到，那么，今后在促进孩子全面发展的教育工作中，环境保护应该是您关注的一个重要方面。

1. 看到滴水的水龙头会主动关紧。 是□ 否□
2. 洗脸、刷牙、洗澡时注意节约用水。 是□ 否□
3. 学习用品，如铅笔、纸、橡皮等不浪费使用。 是□ 否□
4. 已养成房间无人灯不亮、人走灯灭的习惯。 是□ 否□
5. 看完电视、用完电脑，会自己或让家长帮忙把电器插头及时拔掉。 是□ 否□
6. 看电视、听音乐时音量适中。 是□ 否□
7. 不乱扔垃圾，将垃圾收好放进垃圾箱。 是□ 否□
8. 把塑料瓶、废纸等收集起来，分类丢弃或让家长卖给废品收购站。 是□ 否□
9. 很少使用一次性产品，如卫生筷、纸杯等。 是□ 否□
10. 用小手绢代替纸巾。 是□ 否□
11. 爱惜花草树木，不摘花踏草。 是□ 否□
12. 爱护动物，不吃青蛙、蛇等野生动物。 是□ 否□

建议

保护环境必须从小抓起。若是当一个孩子习惯了铺张浪费、迷恋上了野味时，再来对他进行教育和纠正，其难度可想而知。因此，家长必须帮助孩子从小树立正确的环保意识，形成保护环境的良好行为习惯。

一、增强孩子对环境保护的感性认识

家长可以利用图片、影像资料及实地观察等方式，帮助孩子了解人与环境的关系，感受大自然的美，认识破坏环境的危害，唤起孩子保护环境的意识。例如，在春暖花开的季节里，带孩子走进大自然，感受鸟飞虫鸣的树林、清澈透明的涓涓溪水、空气清新的田野等自然之美。日常生活中，注意引导孩子观察各种车辆排放出的尾气，大街小巷的白色垃圾等各种不利于环境保护的现象。通过形象、直观的对比，让孩子感受破坏环境给人类带来的危害，使孩子初步懂得良好的环境需要人们的保护和创造，并明白自己也能为保护环境做很多事情。

二、家长以身作则，为孩子树立环保榜样

身教胜于言传。家长自己首先要认识到环保的意义，并把它当作一种美德、一种时尚，身体力行，积极参与到环保中来。例如：家长平时在家经常“一水多用”，把淘米、洗菜的水用于浇花，用洗衣服的水拖地板、冲厕所；洗手时，注意将水龙头开小一点儿；水龙头用完后，随手关紧；水龙头关不紧，及时报修；等等。这些节约用水的一举一动，会潜移默化地带动身边的孩子。

三、从生活小事入手，随时进行环保教育

家庭环保教育存在于一点一滴的生活细节中。穿衣、洗漱、吃饭、出行、购物、用电、用火等生活中的每一件小事，无一不与环保发生着关系。只要家长做个有心人，处处都能引导孩子成为一个“环保人”。例如：一日三餐时，教会孩子不挑食，不浪费；电器开关处，贴个笑脸，提醒孩子随手关灯；到超市购物不用塑料袋，而使用自带的环保布袋，减少白色污染；不随地吐痰，不乱丢废弃物；不捕捉蝌蚪、蜻蜓、

小鸟，拒绝食用国家保护的野生动物；等等。“众人拾柴火焰高”，只要每个家庭、每个孩子都从身边小事做起，关心环保、支持环保，环保行动就会汇集成巨大的能量，为社会节约巨大的资源，保护环境这件“大事”就能真正得以实现。

四、口号变行动，在实践中强化孩子的环保意识

环保不是靠说和想就能实现的，必须落实在行动上。日常生活中，家长可以在家里设立一个垃圾分类区，让孩子每天将生活垃圾以“是否可回收”为标准进行分类。家长还可以和孩子一起制作类似“请不要伤害我”“请不要打搅我睡觉”“小心别踩疼了我”的卡通标语牌，有针对性地挂（立）在小区不同位置，提醒大家爱护花草树木。和亲朋好友互换图书和玩具，增加它们的使用频率，在某种程度上也是减少了浪费，节约了资源。孩子在“我为环保作贡献”的过程中，不但能体验快乐，而且还增强了环保意识。

五、启智增趣，变废为宝

家长可以和孩子一起把日常生活中有利用价值的废旧物品收集起来，进行废物改造，做成游戏材料或手工作品，变废为宝。例如，把旧报纸团成纸球，进行踢球、抛接球的亲子游戏；用海报或广告纸折帽子、叠飞机、做小书包；把纸盒、饮料罐、酸奶杯组装成机器人、小汽车等自制玩具；把碎布头、西瓜子、瓜子皮、花生皮等组合粘贴在旧台历上，让它们摇身一变，成为活灵活现的娃娃、蝌蚪、小鸭子……看着自己亲手制成的各种作品，孩子满心欢喜，同时会激发他自觉、主动地收集、利用各种废旧材料的浓厚兴趣，使其形成良好的环保意识。而且这些小制作也是孩子天然的玩具，比起现成的布娃娃、一摁按钮就动起

来的电动玩具，它们更容易促进孩子的动手能力、想象力、创造力及自信心的发展。

六、寓环保教育于游戏活动中

游戏是孩子最喜欢的活动。在游戏过程中，他们会兴致勃勃、全身心地投入到自己的角色中，并完成自己的角色所承担的任务。为此，家长可以设计和创编各类游戏，把环保教育灵活巧妙地渗透到游戏活动中。例如，家长可以和孩子一起玩《小猫搬家》的游戏：小猫的家在一条小河边，那里有好多鱼，小猫天天拿着鱼竿在那里垂钓。可是，最近附近的居民开始在河边堆积垃圾，游人们往河里乱丢杂物，河水变脏了，鱼儿不见了。小猫钓不到鱼吃，怎么办呢？办法一：小猫搬家。但是，新家依然被缺乏环保意识的人们破坏了，怎么办？办法二：把小河的垃圾运走，进行无害化处理，人们不再随处乱倒、乱扔垃圾。这些方法让河水变清了，小鱼又游回来了，小猫高高兴兴地搬回了旧家。像这样在轻松、愉快的游戏氛围中对孩子进行环保教育，丝毫看不到说教的痕迹，孩子不但易于接受，而且还能有效获得相关的环保知识和真切的情感体验，大大提高了参与各类环保活动的积极性。

七、参与和环保有关的纪念日活动

全世界每年都有许多与环保有关的纪念日活动，比如世界水日（3月22日）、世界地球日（4月22日）、世界无烟日（5月31日）、世界环境日（6月5日）、世界动物日（10月4日），以及我国的植树节（3月12日）等，它们都在提醒人类要保护环境。家长可以借此机会，向孩子介绍相关的环境知识。例如在“植树节”期间，可以让孩子了解树木的生长过程、生长条件，树木与气候的关系，乱砍滥伐对人类造成的危害等。让孩子初步懂得保护环境就是保护人类和地球，并引导孩子去讨论和畅想，做哪些力所能及的事情能起到保护环境的作用。

大作业

保护环境，人人有责。孩子虽然年幼，但也担负着保护环境的责任和义务。一个具有环保意识的孩子，一定是一个有爱心的孩子。所以，从现在开始，家长可以从以下几项活动入手，努力培养孩子的环保意识和环保行为，让孩子成为真正的“环保小卫士”，并在充满爱的氛围中，使我们的生活环境变得更加和谐、舒适。

第一阶段：了解环保的意义（6天）

1. 家长和孩子一起通过杂志、图书、网络等渠道，了解日常生活中人们铺张浪费、污染河水湖泊等破坏环境的行为，以及由此所造成的严重后果。把孩子能够看懂的相关图片和部分文字报道，制成一个剪贴本，引导孩子进一步了解环保的重要性和迫切性。请将你们的感受记录下来。

2. 重点搜集生活中微不足道的小事，如节约一滴水、一度电，少用一次性牙刷等，感知从日常生活的视角，着手践行环保理念的重大意义。请将搜集到的数据和感受记录下来。

第一天：

第二天：

第三天：

第四天：

第五天：

第六天：

第二阶段：观察与反思（3天）

1. 家长共同讨论孩子在日常生活中与环境保护相关的行为表现，并将好的和不好的环保行为分别记录下来。

2. 对照孩子的行为，家长总结原因，明确今后努力的方向并记录下来。

第一天：

第二天：

第六课

第三天：

第三阶段：全家齐上阵，一起做环保（14天）

从日常生活小事入手，家长和孩子一起做环保，观察记录孩子的表现，并给予孩子合理的表扬和奖励。（做到的打“✓”，没做到的打“×”）

行为表现	第一天	第二天	第三天	第四天	第五天	第六天	第七天	第八天	第九天	第十天	第十一天	第十二天	第十三天	第十四天
节约用水														
随手关灯														
节约粮食														
节约用纸														
很少使用一次性物品														
把垃圾放进垃圾桶														
将废品分类，以便回收利用														
电视音量适中														
提醒家长拔下电器插头														
没有踩踏草坪														
没有掐花、折树枝														

（注：表格中的环保内容可根据家庭的实际情况进行调整。）

第四阶段：家庭环保新创意，“变废为宝”我做主（7天）

家长和孩子一起动手动脑，让身边的物品物尽其用，实现功能最大化。充分发挥孩子的想象力和创造力，开展家庭环保创意活动，并将活动内容和收获记录下来。

第一天：

第二天：

第三天：

第四天：

第五天：

第六天：

第七天：

下面的“变废为宝”活动可供家长参考。

1. 和孩子一起利用废旧物品，如纸盒、矿泉水瓶、破手套等进行创意加工，自制玩具、装饰品。完成后，请给作品起个好听的名字。（建议：可以把孩子比较满意的作品带到幼儿园，与老师和小伙

第六课

伴分享。）

2. 鼓励孩子和周围的小伙伴互换图书、玩具，这也是节约资源，为环保作贡献。

3. 把家里不穿、不用的衣物捐赠给有需要的人，这既是献爱心，又是为环保作贡献，可谓一举两得。

第七课

爸爸妈妈和我一起“过家家”

——建立良好的亲子关系

人世间最亲密的关系，莫如父母与子女的关系。良好的亲子关系对每一个家庭来说都是至关重要的。亲子关系的好坏影响着家庭的和谐幸福，更重要的是，亲子关系对孩子人际交往、人格、心理健康等方面的发展有着不可忽视的作用。

亲子关系是孩子最初的人际关系，也是今后一切人际关系的基石。家长的一举一动都会潜移默化地影响孩子，使其在最初的亲子互动中，学习如何与人进行交往、沟通，形成人际交往的基本模式。

亲子关系影响着孩子人格的形成和发展。良好的亲子关系，能使孩子在和谐的家庭氛围中养成乐观、自信、独立自主、坚毅等良好的人格特质。和谐的亲子关系会成为孩子强大的心理支持，减少孩子的负面情绪和问题行为的出现，让他们的心理更健康。而消极的亲子关系，无论是剑拔弩张型，还是形同陌路型，都会让孩子缺乏安全感，使孩子性格孤僻、悲观，甚至出现人格障碍。

可见，小到身心健康，大到价值观、人生观的建立，亲子关系对孩子的影响广泛，不可小视。良好亲子关系的建立是一个缓慢的过程，在这一过程中，家长的责任尤为重要。家长应该多理解孩子，多给孩子创造充满关怀和尊重的交流氛围，为孩子的健康成长奠定基础。

案例一

恬恬的妈妈正在收拾房间，她顺手把一个破旧不堪的洋娃娃扔进了垃圾筐，恰巧被一旁看电视的女儿瞧见了。女儿飞一般地冲过去捡了起来，不管妈妈说什么，恬恬就是不肯扔洋娃娃。妈妈一下子火了，一把扯过女儿紧紧抱着的洋娃娃，结果洋娃娃的手臂被扯了下来。女儿“哇”一声哭了，她抢过洋娃娃冲进了卧室。妈妈听到哭声渐渐没了，于是悄悄地走进屋里，发现女儿竟自己试着给洋娃娃接手臂呢。恬恬看见妈妈，伤心地说：“她是我最好的朋友，把她扔了，就没人陪我玩了。”一直以来，恬恬的妈妈和爸爸工作都很忙，尤其是爸爸，常常早出晚归，孩子总是几天见不到爸爸的面。迫不得已，女儿不上幼儿园时常常被寄放在奶奶家。每次回家，女儿请求妈妈陪她玩一会儿时，妈妈经常说的话就是：“我太累了，自个儿玩去！”“我忙着呢，别烦我！”现在妈妈终于明白了，为什么女儿跟自己在一起时，不像原先那么爱说爱问了。让孩子自个儿玩去，结果洋娃娃成了她唯一的玩伴，看电视成了她唯一的爱好。

案例二

亮亮是一个5岁半的小男孩，长得虎头虎脑，憨厚淘气，非常可爱。亮亮的爸爸妈妈给孩子买零食、玩具从来都很慷慨，可是亮亮在家里却不太愿意跟爸爸妈妈一起玩，对爸爸甚至还有些害怕。因为爸爸是急性子，脾气暴躁，每次亮亮做错事，爸爸经常举手就打，张口就骂。妈妈虽然对亮亮不打不骂，但整天紧盯着孩子的缺点和错误不放，还常常拿亮亮跟别人家的孩子比，抱怨他这不好，那不行。她常说的一句话是：“我怎么生了你这么个孩子！”儿子很反感妈妈说他，到后来只要妈妈一开口，小家伙索性就捂上耳朵。一天，妈妈又像往常一样批评儿子淘气不听话，亮亮突然歪着小脑袋嘟囔了一句：“妈妈，要是没有我多好啊！”“什么？”妈妈没有听清楚。“我还不如死了好呢！你们都不喜欢我，我老惹你们生气，什么也做不好！”亮亮又说了一句。听了这些话妈妈很生气：“不许胡说，爸爸妈妈还不都是为了你好！”晚上，电视里播放了一个中学生因不堪忍受家长打骂而离家出走，事后家长后悔莫及、千里寻子的故事。妈妈心中一颤，陷入了沉思……

案例分析

家庭是孩子人生旅途中的第一站，这对他一生的成长具有十分重要的作用。在心理学中，将家长和子女间的交往以及由此建立的稳定的关系称作亲子关系。亲子关系的质量，不仅对孩子的身心健康十分重要，而且对孩子的人格形成及日后的社会性发展都有着极为重要的影响。上述两个案例，在现实生活中较为常见。究其原因，家长不妨从以下几个方面反思一下自己的日常行为。

一、注重孩子的物质需要，缺乏与孩子进行情感交流

就像恬恬的爸爸妈妈一样，平时繁忙的工作和社会生活，让很多家长感觉分身乏术，抽不出时间陪孩子玩。他们习惯了规律性的生活：早

晨送孩子去幼儿园，晚上接孩子，回到家或忙家务，或看电视、上网、与朋友打牌、吃饭小聚。孩子则待在一旁，自顾自地玩耍。如果家中有老人帮忙接送、照看孩子，那么家长的生活更多了一份悠闲自在。在许多家长的观念里，从来没觉得血脉相连的亲子关系还需要刻意经营。他们往往把亲子关系物质化、金钱化，总以为满足孩子的物质需求，让孩子不愁吃穿，家里的零食、衣服、玩具堆积成山，就是对孩子最大的爱，然后却忽视了与孩子进行深入的情感交流。

二、家长的教养方式存在偏差

成人之间相处往往能把握相互尊重与平等交往的原则，而当一方是孩子时，一些家长就立刻把这一基本原则抛到九霄云外了。他们把孩子看作自己的私有财产，习惯了以居高临下的姿态关心孩子，用自己的价值标准去要求孩子。当孩子违背了他们的意愿时，这些家长信奉的准则是“不打不成才”，他们经常采取粗暴的打骂方式，要求孩子对自己言听计从。他们与孩子之间的关系是不平等的，是一种“管”与“被管”的关系。虽然家长的用意是“为孩子好”，但他们忽视了孩子是一个独立、平等的个体，虽然年幼但并非“无知”。长期处于这种紧张关系中的孩子，会变得胆小怕事、性格脆弱、唯唯诺诺，缺乏安全感；或者走向另一种极端，变得逆反、粗暴和冲动。这样的孩子不愿意亲近家长也就不难理解了。

值得一提的是，家长普遍具有望子成龙的心态，可是，金无足赤，人无完人。哪个孩子在成长过程中没有缺点、不犯错误呢？有些家长像亮亮的爸爸妈妈一样，不会欣赏孩子，习惯了盯着孩子的缺点不放，天天不厌其烦地抱怨、说教，无视孩子之间的个体差异，不断地把自己的孩子和别人家的孩子进行比较，用自家孩子的不足去比人家孩子的优势，“你看看你，你再看看人家”。一味地数落、训斥孩子，不仅影响家长自己的情绪，而且会让孩子感到爸爸妈妈不喜欢自己，进而在他幼小的心灵中早早地种下一颗自卑的种子。孩子因此也失去了一对最天然的朋友——父母，只好躲在自己的小天地里孤独地成长。

三、亲子之间缺乏沟通

孩子其实愿意毫无保留地表露自己的喜怒哀乐，但当孩子喋喋不休地向家长描述某些事情的时候，很多家长却很难耐心地坐下来认真地倾听，他们通常是跟恬恬的妈妈一样，一边忙着自己的事情，一边心不在焉地“嗯，嗯”敷衍着，有时以“我很忙”“待会儿再说”等话语搪塞孩子。当年幼的孩子兴奋地谈起他们的愿望和想法时，有的家长甚至不屑一顾。“爸爸，我长大了想当司机。”“当司机多没出息！咱们以后出国留学。”“妈妈，我想画幅画寄给成龙。”“胡思乱想，成龙哪有时间看呀！”我们常常听到这种对孩子缺乏尊重的对话。家长的忽略和轻视传递给孩子的信息是：爸爸妈妈不愿意听我讲话！这会极大地挫伤孩子想与家长沟通的积极性，亲子沟通的渠道因此从孩子一方慢慢断开。

四、家长对孩子缺乏了解

所有的家长都爱孩子，但未必所有的孩子都能感受到家长的爱，其中的一个重要原因是家长对自己的孩子不甚了解，无法找到孩子感兴趣的事情并与之进行有效的亲子沟通。比如，有些家长意识到亲子关系的重要性，主动接近孩子，想方设法引导孩子开口。然而，他们面对孩子，不断地重复几年如一日的话题，诸如，“你在幼儿园吃的什么饭？”“老师对你好不好？你有没有犯错误？”“记得要多喝水，注意安全”！千篇一律的说教，哪个孩子听了不烦？这样做会导致孩子把家长的关心当唠叨，“没良心”地答一句：“妈妈，您真烦人！我的耳朵都起茧子了！每天都讲这一套！”孩子与家长相对无语，亲子关系也就日渐疏远。

五、家庭关系过于紧张

在有些家庭中，家长遇事经常争吵不休，互相指责谩骂，家庭气氛紧张，缺乏宁静和安定，有时孩子甚至可能成为家长的出气筒。在这种情况下，家长被家庭生活的烦恼所困扰，根本没有心思关心孩子。而孩子整日胆战心惊，烦躁不安，没有安全感。他们小心翼翼地生活，唯恐自己惹怒原本已经生气的家长。长此以往，孩子从家庭关系中看到的是冷漠、疏远、互不信任，并模仿家长学会了处理人际关系的消极方式。这样，不但亲子关系处理得不好，而且还会影响到孩子日后的其他人际关系。

了解孩子

孩子与您的关系如何？下面的内容，有助您反思在与孩子进行沟通交流时，您的表现如何。如果您的否定答案多，那么，就有必要从现在开始思考，如何通过改变自己来建立和谐的亲子关系。

1. 您经常和孩子一起做他感兴趣的事，而不仅仅是陪孩子做各种作业。 是□ 否□
2. 不管孩子说什么，您都会耐心认真地倾听。 是□ 否□
3. 当孩子与你们意见不一致时，孩子的想法仍然能得到表达。 是□ 否□

4. 孩子在外遇到高兴和伤心的事，愿意跟你们说。 是☐ 否☐

5. 孩子因你们的经常表扬而自信并快乐着。 是☐ 否☐

6. 孩子犯错，从不被你们粗暴地打骂。 是☐ 否☐

7. 孩子生活在家人关系和谐融洽的家庭里。 是☐ 否☐

8. 孩子的合理需要能够得到你们的满足。 是☐ 否☐

9. 孩子经常和你们拥抱或亲吻。 是☐ 否☐

10. 孩子经常能听到家长对自己说“我爱你”。 是☐ 否☐

建议

亲子关系的好与坏，家长起着决定性的作用。为了拥有和谐健康的亲子关系，家长要做好以下几个方面的工作。

一、重视亲子关系，经常陪伴孩子

同成人一样，孩子既有物质需要，也有精神需要。仔细观察不难发现，孩子们虽然喜欢爸爸妈妈给自己添置新衣物、新玩具，但更喜欢爸爸妈妈与他们一起做游戏、讲故事。感情是需要时间来培养的。家长要像重视与同事、朋友交往一样，重视与孩子之间的交往。工作之余，抽出一些时间，尽可能多地陪伴孩子，这是送给孩子最好的礼物，也是建立良好亲子关系的第一步。

二、尊重孩子，与其平等交流

亲子之间虽然有长幼之分，但作为一个独立的个体，孩子与家长在人格上是平等的。家长要从高高在上的位置上下来，放下架子，与孩子平等地交流，对孩子循循善诱，启发开导。孩子虽小，但他也有自己的主张。家长要尊重孩子的兴趣、喜好和愿望，而不要把自己的意志强加给孩子。遇事多跟孩子商量，倾听孩子的看法和意见，允许孩子自己作选择和决定。只有这样，孩子才愿意接近家长，并易于形成坦诚、亲密的亲子关系。

三、爱孩子，无条件地接纳孩子的一切

家长爱孩子的理由只有一个：他是我的孩子。也就是说，不论孩子的表现是否令您满意，都不应该影响您对他的爱，您需要无条件地接纳他的一切，包括长处和短处。尤其当孩子做错事后，家长不要一味地对孩子进行斥责，而是要以宽大的胸怀接纳孩子的过失，允许孩子犯错。接纳孩子的错误之后，合理地运用表扬和批评，引导孩子取长补短，此时教育的重要原则是，对事不对人。也就是说，您需要将对孩子行为的表扬和批评，与对他的爱区别开来。比如，孩子一心一意地吃饭和边吃边玩两种行为，您要肯定的是前者的一心一意，否定的是后者的边吃边玩。不管肯定还是否定，都要让孩子知道自己如何做才是正确的，明确下次的努力方向。更重要的是，孩子不用担心自己的失败会遭来家长的白眼，他相信无论自己做得对还是错，爸爸妈妈对他的爱都会一如既往。“爱人者，人恒爱之”，这样的家长又有哪个孩子不爱呢！

四、把对孩子的爱表达出来

每个家长都爱自己的孩子，但很多人比较含蓄，不习惯轻易表达自己的情感，尤其是父亲，以至于尽管他们爱孩子爱得很深切，但是孩子却感受不到。对于年幼的孩子而言，爱更需要明示，必须用直接的言行表达出来。否则，孩子根本接收不到默默无闻的关爱，他们只能是“熟

视无睹”。因此，家长的爱要说出口，平常多用“我爱你”“爸爸妈妈喜欢你”等方式告诉孩子您对他的爱。此外，爱还可以用非语言的方式来表达，如微笑着摸摸孩子的头，亲热地与孩子拥抱一下，嬉戏式地胳肢一下孩子等。这些看似简单的动作，传递的却是家长的爱，无形中缩短了家长与孩子的距离。

五、善于倾听，了解孩子的心声

当孩子跟您说话时，不管他说的内容多么幼稚、无聊，家长都应放下手头的事情，全神贯注地去倾听。尤其是当您面带微笑地注视着孩子，使孩子感受到您对他的讲述很感兴趣时，他便会兴致勃勃地把想说的话全都说出来。此时，家长应根据孩子所讲的具体内容或表扬，或出主意想办法，给予对方积极的回应。通过倾听，孩子感受到的是家长的关爱与尊重，家长收获的是了解到孩子的所思所想及喜好，为进一步有效的亲子沟通找到了共同“话语”。双方的心扉敞开了，沟通也顺畅了，和谐的亲子关系就容易形成了。

六、借助亲子游戏，展开亲子交往

空洞的说教和成人式的面对面的正式谈心，很难让亲子交往继续下去。对孩子来说，游戏就是他们生活的主要内容和全部乐趣，那么亲子游戏就是家长与孩子交往和沟通的最佳手段了。自家客厅、小区空地、公园，只要消除安全隐患，任何地方都可以成为亲子游戏的场所。家长要做的就是时刻保持一颗童心，不断地学习和开发各种亲子游戏，抽出时间与孩子一起玩耍。在轻松愉快、无拘无束的氛围中，既可以寓教于乐，促进孩子各方面的发展，又可以增强亲子间的亲近感。

七、家长之间相亲相爱，营造和谐的家庭氛围

和谐的夫妻关系，是维系良好亲子关系的基础。当孩子看到家长之间相敬如宾、互相关心、彼此尊重、遇事平等协商时，自然就在耳濡目染中，学会了以同样的方式与人相处。与此同时，家长还要在其他各个方面以自己的良好言行，为孩子树立学习的榜样，进一步增强自己的人格魅力。一旦家长在孩子心目中树立起威信，亲子关系就会更加和谐融洽。

大作业

亲子关系的质量是在家长和孩子每天的相处中日积月累形成的。家长在按部就班地完成下面任务的基础上，还需要在日常生活中不断地进行尝试和改进。

第一阶段：评估亲子关系的现状并分析原因（3天）

根据本课内容，请您对自己和孩子的关系进行观察和反思，将满意和不满意的情况分别记录下来，分析原因，并明确今后的努力方向。

第一天：……………………………………

……………………………………

第二天：……………………………………

……………………………………

第三天：

第二阶段：制订构建和谐家庭的计划（6天）

家长坐在一起，针对目前亲子关系中存在的问题提出具体的改进方法，并设计详细的活动方案。在接下来的几天里，家长可以先尝试以下几种增进亲子关系的活动。需要注意的是，以下活动可以根据实际情况灵活安排，不必严格按照顺序进行。

第一天：我们家的见面问候礼

邀请孩子一起设计每天早晨出家门、晚上回到家时的亲子见面礼。如拥抱、击掌、一个舞蹈动作等（可以经常变化）。让我们带着快乐的心情开始新的一天，再让快乐成为晚上居家生活的起点吧！

我们设计的见面问候礼是：

第二天：今天我陪孩子玩

家长可以根据孩子的特点和需要，收集并开发一些亲子游戏，内容要丰富多彩，在每天的生活中穿插进行。比如，与孩子一起踢足球、过家家、做手工、观察蚂蚁搬家等。当然在条件允许的情况下，可以多安排一些较长时间的活动，如参观科技馆、去郊外钓鱼、体验农家生活、到海边游泳等。

今天的亲子游戏内容及感受：

第三天：你的世界，我了解

此活动是为了让家长练习在平等的基础上尊重孩子，以便打开与孩子真正沟通的大门。活动可以通过家长和孩子自我介绍或彼此互相介绍的方式，分别说说每个人喜欢和不喜欢的东西或事情。在轻松的氛围中，家长可以更好、更全面地了解孩子，找到与孩子沟通的切入点。请将您了解到的孩子的基本情况记录下来。

喜欢的食物：

喜欢的玩具：

喜欢的动画片：

喜欢的图画书：

希望家长如何对待自己：

第四天：夸一夸

该活动是为了让家长和孩子学会赏识，把对方身上的优点及点滴进步，用有声的语言表达出来，以期在和谐、快乐的家庭氛围中，每个人的内心不断储备前进的动力。建议家长准备一张大一点儿的纸，将生活中家长和孩子相互认可的方面记录下来，粘贴在家里显眼的地方，不定期地进行家庭总结，并给予相应的奖励。

家长夸孩子：

孩子夸家长：

第五天：分享阳光，分担风雨

一份快乐，两人分享，便是两份快乐；一缕忧愁，两人分担，便只剩下一半忧愁。所以，该活动的目的是鼓励孩子说出自己的快乐和烦恼，从小懂得家长永远是支持自己的最好的朋友。家长不妨先谈谈自己工作生活中的一些趣事和烦恼，这样有助于孩子把自己的经历讲给家长听。

家长与孩子分享的事情：

孩子与家长分享的事情：

第六天：我错了

该活动旨在帮助家长练习，当孩子犯错误时，如何尊重孩子的人格，如何对事、不对人地教育引导孩子认识错误，并使孩子心服口服地改正错误。

今天，我是这样批评孩子的：

第三阶段：实施计划（21天）

在进行上述活动的基础上，家长可以根据家庭的实际情况，不断地尝试改进创新，以增加更多、更有效的亲子沟通方式，并在接下来的一段时间内，将这些增进亲子关系的活动贯穿在日常生活中，让亲子关系变得更加和谐、融洽。请将每天的亲子互动情况和感受记录下来。

第一天：

第二天：

第三天：

第四天：

第五天：

第六天：

第七天：

第八天：

第九天：

第十天：

第十一天：

第十二天：

第十三天：

第十四天：

第十五天：

第十六天：

第十七天：

第十八天：

第十九天：

第二十天：

第二十一天：

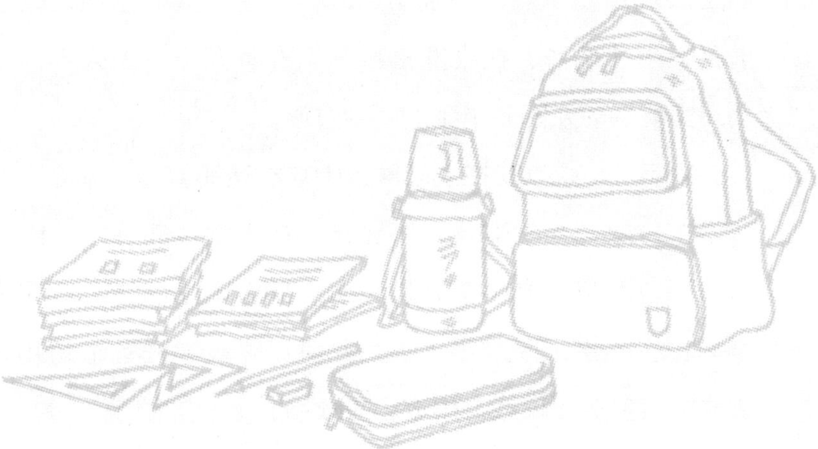

第八课

上学之前磨好“枪”

——帮助孩子做好入学准备

转眼之间，孩子就要离开幼儿园，开始小学生活了。入学适应是每个孩子成长阶段的必经之路，也是我们家长引领孩子健康成长的一项重要内容。教育部2021年3月颁布了《幼儿园入学准备教育指导要点》，文件指出：要充分尊重幼儿身心发展规律和特点，围绕幼儿入学所需的关键素质，从身心准备、生活准备、社会准备和学习准备四个方面入手，帮助幼儿实现从幼儿园到小学的顺利过渡。

然而，一些家长在入学准备中存在认知偏差，未能帮助孩子全方位做好入学准备，导致孩子在小学生活开始阶段出现诸多适应不良，产生紧张、焦虑，甚至厌学情绪，给孩子的学习和生活带来困难重重。由此可见，入学准备是幼儿园大班非常重要的一项教育内容，应该引起家长的重视。

案例一

遥遥是幼儿园大班的小朋友，她每天早晨几乎总是最后一个到园。这是因为她的爸爸妈妈平时习惯熬夜晚睡，女儿跟他们一样，每天晚上总要玩到11点以后才上床睡觉。所以，早晨妈妈总希望在不迟到的前提下，和孩子一起尽量多睡一会儿。等到闹钟一响，母女俩的“起床交响曲”就在一阵忙乱中奏响了。妈妈一边快速地起床洗漱，一边不厌其烦地喊着、催促着遥遥：“快点，快点，要迟到了！”睡眼蒙眬的女儿却总是不紧不慢。到最后，着急的妈妈便亲自上手为女儿穿衣打扮，新的一天就以这样的节奏开始了。

今天接孩子的时候，老师把遥遥妈妈叫到一边，说遥遥每天上午总是没精神，建议她为孩子入小学作准备，调整一下孩子的睡眠习惯，让孩子晚上早点上床睡觉。妈妈口头上答应着，心里却没当回事，因为她早已给遥遥联系好了学校，买好了上学所用的书包、文具，入学准备工作已经“做到位”了。再说，她自己已经习惯了这样的生活，希望自己和孩子都能利用孩子入学前的几个月，再好好地睡上几个懒觉，等孩子上学后再按学校的作息时间，养成“早睡早起”的习惯。遥遥妈妈还认为，孩子在幼儿园无非是做做游戏、唱唱儿歌、画一些画，这些东西和上小学没有太大关系，会不会无所谓。

案例二

与遥遥的妈妈相比，同班月月小朋友的妈妈可要累多了。为了孩子上学后在学习上能名列前茅，将来考上好大学，月月妈妈从现在就开始抓孩子的学习，让她提前进入小学生的“角色”。每天幼儿园放学后，月月除了上“兴趣班”学英语，还要学数学、学拼音。可是，面对妈妈布置的作业，一页一页的加减运算，一个又一个需要会写会读的方块字，月月有时感到特别不好玩。所以，她经常趁妈妈不注意，自己趴在那儿边写边摆弄自己喜欢的小玩意儿。如果被妈妈发现了，她就常常会得到这样的警告：“你玩吧，上小学后看你还怎么玩！你再不听话，等着让小学老师好好管管你！”半年下来，小学一年级的语文和数学书上的内容，月月基本上都已经掌握了。看着女儿的进步，月月妈妈很高兴，她决定接下来继续让女儿学好语数外，为入小学做好准备。可月月心里却在想：小学老师那么厉害，如果我能一直待在幼儿园该多好呀！

案例分析

成为小学生，对孩子来说是一个很大的转折。家长对“入学准备”的理解，常常存在以下几种误区。

一、将入学准备等同于“物质准备”

跟案例中遥遥的妈妈一样，在有些家长看来，孩子要上小学了，自己的任务就是帮孩子选一所好的学校，让孩子从小在良好的环境里接受高质量的教育。同时，为孩子准备好上学所需的书包、文具，以及在家学习使用的台灯、桌椅等学习物品就万事大吉了，其余的只等开学后，把孩子交给老师，由老师负责教育孩子好好学习。家长将孩子的入学准备“物质化”，没有认识到应该把重点放在培养孩子良好的生活习惯、学习习惯和人际交往能力等方面。

二、将入学准备“小学化”

很多家长都有月月妈妈那样的想法，希望孩子一上小学就比同龄孩子学习强。也有的家长担心孩子上小学后学习跟不上，于是提前让孩子识字、算算术，甚至把一年级的课本内容先教给孩子。这种揠苗助长、急功近利地提前灌输知识，将家庭教育“小学化”的做法，违背了孩子的成长规律，是不科学的。

首先，幼儿园大班孩子的身体和心理发展都还不成熟，还不具备系统学习的能力，此时要求他们像小学生那样学习、做许多功课，容易使他们对学习产生厌倦、畏惧情绪，不利于培养其学习的积极性。其次，提前学习让孩子在上小学之初会感到很轻松，不用花多大力气就可以获得好成绩，但是，由于重复学习，也容易使孩子养成不动脑、不思考、不注意听讲等不良的学习习惯。随着学习内容的加深，难度的增加，“储备知识”用完了，以往的知识优势不存在了，而已经形成的不良学习习惯势必导致孩子出现学习“没后劲”的问题。另外，由于家长一般没有经过专门训练，所教知识和技能有时不够规范，容易使孩子出现读音及书写笔顺等错误，致使孩子刚一入学就面临各种纠错问题，阻碍了正常的学习与发展。

三、忽视学习习惯的准备

案例中遥遥的妈妈认为幼儿园布置的大多数是“玩”的作业，做与不做、做好与做坏都无所谓。所以，当孩子出现不良学习习惯的倾向时，家长经常会视而不见，不放在心上，忽视了学习态度和学习习惯的重要性。研究表明，凡是学习成绩好且稳定的孩子，都是从小就养成了良好的学习习惯。相反，成绩不理想的孩子，往往缺乏良好的学习习惯。比如，做作业拖拉、边做边玩；做事粗心大意、虎头蛇尾；遇到问题，习惯依赖别人，自己不善于动脑思考，经常囫囵吞枣，不求甚解。这些在不知不觉中形成的不良学习习惯，给孩子日后的学习埋下了“祸根”。

四、忽视生活习惯的准备

习惯的形成有一个过程，习惯的改变同样需要时间，而且很难。有的家长就像案例中遥遥的妈妈一样忽略了这一点，他们只重视让孩子吃好、穿好、玩好，而没有意识到小学与幼儿园是两种不同的生活与学习环境，忽视了提前培养孩子与小学生活步调一致的生活习惯。例如，在幼儿园，老师时刻和孩子待在一起，会及时解决孩子的各种问题。到了小学，许多方面都要求孩子自我管理，比如自己喝水、上厕所、增减衣服、收拾书包等。可是，由于家长的大包大揽，有的孩子在这方面的自理能力很差，为日后的小学生活带来诸多不便。另外，孩子每天早晨入园，在时间上往往限制得不是很死，但小学的作息时间有严格的安排，必须在规定时间到校上课。如果像遥遥一样，之前没有养成良好的睡眠习惯，刚开始上学时难免早上起不来，上午没精神。在幼儿园里，孩子主要是通过游戏的方式学习粗浅的知识，学习轻松愉快，没有压力。而小学则要通过课堂学习（主要以老师讲授为主）的方式来学习各种规定的课程，如果休息不好，学习效果肯定会受影响。

五、经常吓唬孩子，使之对学校产生恐惧感

经常听到一些家长像月月妈妈一样吓唬孩子：“让小学老师来管你！”“上小学后，看你还怎么玩！”“小学老师可厉害了！如果考试成绩不好，会被老师批评，爸爸妈妈也会不喜欢你的！”有的家长还提前警告孩子：“进入小学后每天要写字、做作业，除了周末，平常不能玩玩具，不能看动画片……”家长将小学“妖魔化”的做法，对孩子是一种误导，这会让孩子早早地背上精神包袱，严重的甚至会导致孩子产生对上学的恐惧感。

了解孩子

您的孩子为上学做好了准备吗？对照下面的项目和孩子现在的表现，看看孩子在幼小衔接方面准备得如何。回答“否”越多，说明孩子还需要不断努力，以便尽快适应小学生活，为日后的学习打下良好的基础。

1. 睡眠充足，并且有规律，能够早睡早起。 是□ 否□
2. 能够自如地穿脱衣服、系鞋带、如厕等。 是□ 否□
3. 从幼儿园回到家里，能主动完成老师布置的作业。 是□ 否□
4. 孩子有专门的学习空间，而且采光、桌椅等适合孩子。 是□ 否□
5. 做作业时一心一意。 是□ 否□
6. 看书、写字或画画时，坐姿、握笔姿势正确。 是□ 否□
7. 能够自己检查作业。 是□ 否□
8. 完成作业后自己收拾整理书包。 是□ 否□
9. 遇到问题，在求助家长前会自己思考。 是□ 否□
10. 了解小学生活的基本情况，如上课、考试、课外活动等。 是□ 否□
11. 会做一些简单的家务，如擦桌子、扫地等。 是□ 否□
12. 和新认识的小朋友能够很快地玩到一起。 是□ 否□
13. 会写自己的名字，知道家庭住址、家长的名字、电话及工作单位等。 是□ 否□
14. 熟悉自我保护的安全常识，如上下楼不打闹、不在马路上停留和玩耍、不买地摊上不卫生的食品等。 是□ 否□
15. 盼望自己快点儿入学。 是□ 否□

建议

为了给孩子的小学生活奠定一个良好基础，家长可以从以下几个方面入手，帮助孩子进行入学准备。

一、激发孩子的入学愿望

家长要以积极的态度去感染孩子，使孩子从内心产生想上小学、想当小学生的强烈愿望。在日常生活中可以从正面启发孩子，让孩子从家长的口吻中感受成长的自豪，在心理上做好上小学的准备。比如："哟，你的裤子短了，人又长高了！你真的要成为一名小学生了！""我发现你现在变得很能干！会自己去跟邻居哥哥借漫画书，你真像个小学生！"另外，很多孩子向往小学生活有时仅仅是为了背新书包、穿新校服、戴红领巾等。因此，家长除了用这些表面现象来吸引孩子，还应该帮助孩子更加全面地了解小学生活，让他感受到上学是一件有趣的事，既可以掌握更多的知识，参加丰富多彩的课外活动，还可以结识新朋友、新老师等，以此来激发孩子做一名小学生的愿望。

二、让孩子养成按时作息的习惯

为了让孩子能够适应突然变得紧张的小学生活节奏，从现在开始，家长要根据小学的作息制度，有计划地安排孩子的活动时间，主要是养成早睡早起、按时到园、不迟到的好习惯。另外，孩子在幼儿园里每天都有固定的午睡时间，上了小学因为各种原因，很多孩子是没有时间午睡的。因此，在上学前就要减少或取消孩子的午休时间，以免孩子上课时打瞌睡。按时作息也意味着要加强孩子的时间观念，让他学会控制自己的愿望和行为，知道什么时间应该做什么事，并一定要做好。例如，在规定的时间就要做作业，做完后检查无误、收拾完毕之后，才能干别的事情。

三、提高孩子的生活自理能力

孩子入学后，生活、学习不能完全依靠家长和老师，需要独立完成很多事情。例如，鞋带开了自己系，渴了自己喝水，下雨天自己打伞，自己削铅笔，根据温度变化自己增减衣服等。因此，在日常生活中，家长要学会“放手”，让孩子做一些力所能及的事情，在穿衣吃饭、洗脸刷牙、喝水如厕等方面能够自己照顾自己。另外，由于入学后孩子还要分担班级、学校里的一些劳动任务，所以，家长应该让孩子参加一些家务劳动，如扫地、擦桌椅、摆放餐具、收拾玩具、洗袜子等，帮助他们掌握简单的劳动技能。这些方面的锻炼，能避免孩子入学后的手忙脚乱以及由此产生的紧张情绪，有助于孩子更快地融入学校生活。

四、培养孩子正确的学习姿势

幼儿正处在身体生长发育阶段，他们的骨骼可塑性大，容易弯曲变形。因此，家长要注意让孩子在看书、写字时保持正确的姿势，防止脊柱弯曲变形、眼睛近视等。具体来说，孩子看书、写字时，身体要坐直，两小腿与地面垂直或向前伸，两脚平放在地面上，眼睛距离书本一尺左右，胸前距离桌子一拳，笔尖与手指距离一寸。要避免孩子趴在地上、跪在茶几前写字画画。同时，要教育孩子注意用眼卫生，保护视力。例如，绝不能躺在床上、沙发上看书；走路、坐车时不看书、不看手机；不在光线很暗或很强的地方看书；每天看书、画画、看电视、玩电子游戏、练琴等用眼活动的时间不宜过长，最好连续用眼时间超过半小时后，就起身活动一会儿，望望远方，做做眼保健操，以保护视力。

五、培养孩子认真倾听的习惯

学会认真倾听是孩子进入课堂专心听讲的重要前提。因此，家长应该注意引导孩子养成认真倾听的好习惯。比如，家长跟孩子说话或者给孩子讲故事时，要让孩子放下手中的玩具，还可以不时地让孩子复述一下所讲的故事内容。家长还可以利用孩子“好为人师”的心理，让孩子把在幼儿园所学的内容教给家人，以此激励孩子在园活动时能够认真倾听。

六、培养孩子勤于思考的习惯

上学后的学习内容难度加大，孩子经常会遇到各种问题。家长在日常生活中，要积极鼓励孩子自行发现问题。对于孩子的问题，家长首先要给孩子留出足够的思考时间，可以启发孩子想方设法寻找解决问题的方法，但是不要急于告诉他现成的答案，以便让孩子养成认真思考、独立解答难题的好习惯。另外，家长也可以通过创设一定的问题情境，来帮助孩子学会思考。但要注意，提出的问题难度要适中，如果太难，孩子每次都回答不出来，容易打击他的自信心；如果太容易，就失去锻炼思维的作用了。

七、培养孩子的自我管理能力

孩子上大班后，每天都会有一些具体的学习任务，家长应该培养孩子“今日事今日毕”的意识，回家后要让孩子先做老师布置的作业，做完作业之后再去玩。家长不要当一个全程陪读者，在一旁对孩子指指点点，帮他检查作业，甚至帮他改错。否则，时间长了容易使孩子养成依赖和懒惰的习惯。在孩子做作业前，家长可根据作业内容和作业量，给孩子一个时间限制，督促孩子在规定的时间内完成作业，这样有助于培养孩子专心做作业的好习惯。孩子做完作业后，要养成独立检查作业的习惯，家长还要让孩子提前准备好第二天要用的书本、削好的铅笔等学习用品，仔细清点后放进书包，避免养成丢三落四的坏习惯。

八、鼓励孩子与人交往，学会合作

孩子进入小学就像进入一个新的“大家庭”，需要建立新的人际关系，家长需要注意培养孩子的人际交往能力。例如，家长可以多带孩子到外面与住宅区内的其他小朋友一起游戏，并鼓励孩子主动结交新朋友。在与他人的交往互动中，让孩子学会与小朋友分享玩具；遇到矛盾会向同伴说出自己的想法；学会与人商量，共同决定大家要做的事情；在别人需要帮助时，愿意伸出小手帮助别人；自己遇到困难时，也懂得向身边的老师、朋友寻求帮助等。孩子具备了一定的人际交往能力，就为上学后迅速融入新集体，与老师、同学和睦相处做好了准备。

九、增强孩子的自我保护意识

上小学后，家长和老师不可能随时陪在孩子身边，很多事情需要孩子自己去独立面对和处理，所以家长一定要让孩子学会必要的安全常识。例如，让孩子学会规范地写出自己的名字，记住家长的名字、工作单位、联系电话和家庭地址等，以防万一；提醒孩子在课间活动时守秩序，不推挤，不玩危险的游戏，尤其要注意保护特别重要的身体部位不受伤害；不买小摊上不卫生的食品，要用自己的杯子喝水；身体不舒服时能主动找老师帮忙；放学后在事先约好的接送地点等待家长，不自己乱跑；不随便告诉陌生人自己的家庭情况，不跟陌生人走；让孩子熟悉110、120等急救电话，知道遇到危险或意外时，要及时向可以信赖的人求助；等等。

当然，孩子进入小学后，新的学习和生活还需要他们学会阅读、学会坚持、学会承受挫折等。因此，要做好入学准备，家长还必须考虑本书前几课所讲的内容，对孩子的规则意识、注意力、阅读习惯、挫折承受能力等加以培养和训练，以促进孩子的全面发展。

大作业

以下活动是为您和孩子能更好地做好入学准备而设计的。家长可以根据家庭的具体情况，抽出时间完成活动，和孩子一起迎接新的生活。

第一阶段：家庭自查（3天）

家长根据本课内容，分别从身心准备（包括向往入学、情绪良好、喜欢运动、动作协调四个发展目标，及初步了解小学、对小学生活充满期待等主要表现）、生活准备（主要包括作息时间和生活自理能力两个方面）、学习准备（主要包括按时到园、学习用品的使用和自我整理、按时完成作业、正确的学习姿势、仔细倾听和观看、爱学好问等内容）、社会交往准备等方面入手，分析孩子在入学准备方面的情况，找出努力方向。

第一天：收集并总结小学和幼儿园的不同之处。

第二天：入学准备充分的方面。

第三天：入学准备不足的方面。

第二阶段：制订入学准备计划（2天）

根据第一阶段孩子在入学准备方面的实际情况，家长可以和孩子一起分析现阶段不佳行为习惯背后的原因，并和孩子一起用图文并茂的方式，将计划实施细则记录下来，粘贴到家中显眼的位置。

第一天：为顺利入学，制订身心准备计划和生活准备计划。

1. 身心准备计划

（1）家长美言录（家长找出孩子像“小学生”的行为表现并进行表扬，激发孩子对小学生活的向往）。

（2）亲子户外活动。

（3）亲子体育锻炼。

2. 生活准备计划（以孩子上幼儿园总是迟到为例）

（1）分析迟到的原因。

（2）制订按时到园的计划。

3. 活动推荐：愉快的早晨（适合早晨因赖床导致迟到的孩子）

家长起床后，可以先不着急叫醒孩子，而是选择播放一些舒缓、悦耳的音乐，尤其是孩子喜欢的歌曲。几分钟后，家长再轻声地叫醒孩子，让孩子在轻松、愉快的氛围中睁开双眼。在出门之前，抽出几分钟和孩子一起对着镜子做一些开心的动作，用灿烂的笑容迎接新的一天。

第二天：制订学习准备计划和社会交往准备计划。

1. 制订学习准备计划（以做事磨蹭拖拉为例）

（1）分析磨蹭拖拉的原因。

（2）制订改变磨蹭拖拉的计划。

2. 活动推荐

（1）我是小小规划师。引导孩子尝试有计划地做事，有计划地安排自己的活动，如安排周末出行活动等，培养自我管理能力。

（2）每日复盘。家长和孩子一起对即将过去的一天进行回顾，说一说做过的事、读过的书，比一比谁的开心事多，讲一讲烦心事，复述老师布置的家庭作业等，以此锻炼孩子的倾听能力、表达能力、反思能力等小学生需要具备的能力，让孩子在复盘中收获成长。

3. 制订社会交往准备计划（以孩子胆小、不合群为例）

（1）分析胆小、不合群的原因。

（2）改变孩子胆小、不合群的方法和计划。

4. 活动推荐

（1）我是小主人。为孩子创设在实际生活中锻炼交往能力的机会。可利用节假日邀请小朋友到家里做客。活动前，和孩子一起规划如何招待小客人，做好活动安排。小客人走后，全家人一起讨论当天的活动经验，如孩子在哪些方面表现得体、哪些方面可以改进等。

（2）我能行。通过各种实践活动，培养孩子的集体生活能力。例如：带孩子走出家门，创造机会，引导并记录孩子是如何力所能及地帮助他人、完成家长布置的任务、在团队活动中贡献自己的力量等。

第三阶段：实施入学准备计划（14天）

在接下来的一段时间内，将您和孩子共同制订的入学准备计划付诸行动。在实施过程中，记录孩子在下列方面的具体表现，以便使入学准备有的放矢，更好地扬长避短。（能做到的，在表格相应处打“✓”，没能做到的打“×”）

		第一天	第二天	第三天	第四天	第五天	第六天	第七天	第八天	第九天	第十天	第十一天	第十二天	第十三天	第十四天
生活习惯	早睡早起														
	自己穿脱衣服														
	上完厕所能冲水，并将手洗干净														
	饮食讲究卫生，自己主动喝水														

续表

		第一天	第二天	第三天	第四天	第五天	第六天	第七天	第八天	第九天	第十天	第十一天	第十二天	第十三天	第十四天
学习习惯	按时到幼儿园														
	清楚记住老师布置的事情														
	按时做作业														
	坐姿正确														
	握笔姿势正确														
	独立完成作业并检查														
	专心做作业，不拖拉														
	自己整理书包														
	专心听故事														
社会交往	主动问候别人并与之交流														
	与小伙伴商量、讨论共同完成任务，不用“武力”														
	主动道歉，原谅别人的过失														

第四阶段：让孩子和小学进行亲密接触（10天）

在大班的第二学期，家长可以帮助孩子通过各种活动近距离地体验小学生活。可参考下面的活动来加深孩子对小学生活的直观认识和了解，激发他们从“幼儿园小朋友”变成“小学生”的强烈愿望。请将你们的活动和感受记录下来。

1. 角色扮演游戏

例如，玩游戏“我是小学生”。家长扮演老师，孩子扮演小学生。把上课学生如何听讲、如何提问、课间活动做什么、怎样记录老师布置的作业等学校生活的细节，以游戏的方式“演”出来，帮助孩子了解小学生活。家长还可以根据学校里经常发生的一些事情设计游戏，比如“被同学欺负”“做了错事，被老师批评”“上课时肚子疼”等，让孩子提前演练，获得应对这些事情的经验。

2. 参观小学

家长可以带孩子到小学门口去看看小学生上学、放学的场景。有条件的家长还可以带孩子到小学里面“体验生活”，让孩子当个“小记者”，熟悉学校教室、厕所的位置，了解操场上运动器械的功能，观摩升旗仪式、早操活动、课间活动，看看小学生上课的情景。家长可以和孩子一起将小学和幼儿园加以比较，帮助孩子真切地感受小学生活。

3. 别人眼中的小学

请亲朋好友家已经上小学的孩子来家里做客，让他们给孩子讲讲学校里发生的事情，如学习的乐趣、老师的要求、课堂纪律、作业规范、伙伴交流、少先队活动等，进而使孩子通过与小学生的交往，进一步地了解小学。此外，还可以通过图书、网络、家长讲述童年故事等方式，让孩子多角度地了解小学生的学习和生活。

第一天：

第二天：

第三天：

第四天：

第五天：

第六天：

第七天：

第八天：

第九天：

第十天：

第五阶段：巩固已经形成的良好习惯，做好入学前的物质准备（2天）

在此阶段，家长除了继续督促孩子保持良好的生活和学习习惯外，还要和孩子一起做好入学前的物质准备。请将你们的准备过程简单地记录下来。

第一天：建议家长准备一个漂亮的日历，在上面标出孩子上学的日期，然后和孩子一起制作一个倒计时牌，一同放置在家中显眼的位置，以此激发孩子入学的迫切心情。

第二天：和孩子一起选购上学所需的学习用品。

附：丛书总目录

幼儿园小班

幼儿园中班

幼儿园大班

一年级

第一课 高高兴兴去上学
——培养孩子的入学适应能力

第二课 我是生活小能手
——培养孩子的生活自理能力

第三课 兴趣是最好的老师
——激发孩子的学习兴趣

第四课 今日事今日毕
——培养孩子良好的学习习惯

第五课 我是诚实的好孩子
——培养孩子诚实的美德

第六课 我会保护自己
——培养孩子的自我保护能力

第七课 有了苦恼会倾诉
——培养孩子的乐观情绪

第八课 班级是我快乐的家
——培养孩子的合群性

二年级

第一课 我也要做王羲之
——培养孩子良好的书写习惯

第二课 跳动的壶盖
——培养孩子的观察能力

第三课 专心听讲不走神
——培养孩子的专注力

第四课 6是6，9是9
——培养孩子细心的习惯

第五课 学习不用妈妈陪
——引导孩子独立学习

第六课 做不好，别笑我
——保护孩子的自尊心

第七课 我不再怕毛毛虫
——培养孩子的勇敢品质

第八课 我是“小雷锋”
——培养孩子乐于助人的品质

三年级

第一课 不做“白字先生”
——培养孩子的识字能力

第二课 授人以鱼，不如授人以渔
——帮助孩子掌握适合自己的学习方法

第三课 和小朋友一起玩
——培养孩子的社会交往能力

第四课 错了说声“对不起”
——培养孩子解决冲突的能力

第五课 男孩也能跳皮筋
——培养孩子正确的性别观念

第六课 你们先走我最后
——培养孩子的合作能力

第七课 天有不测风云
——帮助孩子应对重大变故

第八课“大胖胖”与“小瘦瘦”
——帮助孩子建立合理的饮食结构

四年级

第一课 生活时间安排好
——培养孩子做事的计划性

第二课 书籍是我的好朋友
——让孩子喜爱阅读

第三课 周末我要学跳舞
——培养孩子的兴趣、爱好和特长

第四课 言必信，行必果
——培养孩子诚信的美德

第五课 我是妈妈的好帮手
——培养孩子爱劳动的好习惯

第六课 谢谢爸爸妈妈
——培养孩子的感恩意识

第七课 近朱者赤，近墨者黑
——引导孩子理性交友

第八课 坐立行走姿态好
——养成孩子良好的体态和健康的生活习惯

五年级

第一课 作息规律身体好
——培养孩子良好的作息习惯

第二课 我相信我能行
——帮助孩子拥有自信

第三课 学当理智的小消费者
——引导孩子形成正确的消费观

第四课 生命如此美丽
——教育孩子珍爱生命

第五课 天高任鸟飞
——为孩子插上想象的翅膀

第六课 不学礼，无以立
——引导孩子礼貌待人

第七课 我有好朋友
——提高孩子的人际交往能力

第八课 我是守法小公民
——培养孩子遵纪守法的意识

六年级

第一课 我爱五星红旗
——培养孩子的爱国情感

第二课 我长大了
——引导孩子正确认识第二性征

第三课 烦着呢，别理我
——帮助孩子学习控制情绪

第四课 有张有弛效率高
——帮助孩子学会合理安排时间

第五课 其实我挺了不起
——引导孩子正确评价自己

第六课 我们说说悄悄话
——鼓励孩子与父母沟通

第七课 赠人玫瑰，手留余香
——引导孩子学会关爱他人

第八课 赢得起也输得起
——帮助孩子提高抗挫能力

七年级

第一课 新起点，新面貌
——帮助孩子适应中学生活

第二课 别再把我当孩子
——理性看待孩子的逆反心理

第三课 我是家庭一成员
——培养孩子的家庭责任感

第四课 我的未来，美丽的梦
——培养孩子的生涯规划意识

第五课 我的学习我规划
——培养孩子学习的独立性

第六课 把握好课堂学习
——帮助孩子提高听课效率

第七课 我们都是好朋友
——尊重孩子的异性交往

第八课 不动笔墨不读书
——帮助孩子掌握良好的阅读方法

八年级

第一课 识别诱惑有主见，遇事报警不迟疑
——培养孩子的安全意识和防范能力

第二课 上课要打有准备之战
——帮助孩子掌握课前预习方法

第三课 压力变动力，带来好成绩
——帮助孩子应对紧张的学习压力

第四课 过过“电影”效率高
——帮助孩子掌握复习方法

第五课 我是理性的追星族
——培养孩子的高雅情趣

第六课 业精于勤荒于嬉
——培养孩子勤奋学习的好习惯

第七课 敢于展示自己
——培养孩子的自信心

第八课 情窦初开时
——正确引导孩子少年时期的“爱”

九年级

第一课 莫要眉毛胡子一把抓
——指导孩子制订学习计划

第二课 体验生活中的美
——重视孩子的情感培养

第三课 理性花钱知节俭
——培养孩子正确的消费观和理财意识

第四课 锻炼身体有活力
——培养孩子热爱运动的习惯

第五课 适度紧张出效率
——帮助孩子克服中考焦虑

第六课 求战阶段更从容
——训练孩子应考的自信

第七课 合理作息，考时当平时
——帮助孩子制订中考前一周作息时间表

第八课 不以成败论英雄
——引导孩子坦然面对中考结果